O Que é Corpo de Luz?

O Que É Corpo de Luz?

Mensagem do Arcanjo Ariel
Canalizada por Tashira Tachi-ren

Tradução de CARMEN FISCHER

EDITORA PENSAMENTO
São Paulo

Título original: *What is Lightbody?*

Publicado mediante acordo com Oughten House Publications, Livermore, California, USA.

O primeiro número à esquerda indica a edição, ou reedição, desta obra. A primeira dezena à direita indica o ano em que esta edição, ou reedição foi publicada.

Edição	Ano
3-4-5-6-7-8-9-10-11-12	07-08-09-10-11-12-13

Direitos de tradução para a língua portuguesa
adquiridos com exclusividade pela
EDITORA PENSAMENTO-CULTRIX LTDA.
Rua Dr. Mário Vicente, 368 – 04270-000 – São Paulo, SP
Fone: 6166-9000 – Fax: 6166-9008
E-mail: pensamento@cultrix.com.br
http://www.pensamento-cultrix.com.br
que se reserva a propriedade literária desta tradução.

Dedicatória

Este livro é dedicado aos Obreiros da Luz que seguem o Espírito a cada sopro de ar que inspiram e a cada passo que dão; àqueles que se dedicam a personificar a Divindade e a viver o Paraíso na Terra; que se dedicam a servir com alegria, coragem e dedicação ao jogo cósmico; e que se entregam a uma visão descomplicada, bela e extasiante da ascensão planetária, que é sobretudo altamente prazerosa. Ahaa!

Sumário

A Importância do Discernimento

Ao editar um livro para a Oughten House, procuro fazê-lo da melhor maneira possível. Valho-me da intuição e da experiência e procuro elucidar tudo aquilo que não estiver claro e perfeitamente compreensível. No entanto, existem tantas percepções diferentes da realidade quantos são os pontos de consciência que as formulam. Existem muitos padrões de destino desdobrando-se simultaneamente. Cada um de nós precisa usar do próprio discernimento para distinguir o que é "seu" e o que é de outra pessoa. Nenhuma fonte de informação é isenta de distorções. Até mesmo os canalizadores mais perspicazes não estão, e nem nunca estiveram, totalmente certos. Mesmo a informação "mais verdadeira" contém uma parcela de inverdade. E mesmo a informação "mais equivocada" contém algo de verdadeiro.

Seu maior aliado na busca do caminho que leva ao seu próprio "destino" é o discernimento. Ninguém pode conhecer as respostas que você procura senão você mesmo. Não se pode confiar em nada nem em ninguém, senão em si mesmo: as respostas estão todas dentro de você. Somos todos aspectos singulares da Unidade. Não existe um ser igual a outro, o que por si só é maravilhoso. Ao ler o que está escrito nas páginas seguintes, leve em conta só o que faz sentido para "você" e aproveite essas informações. O resto pode servir para outra pessoa. Se o que aprendeu lhe serve de ajuda em seu caminho, este livro terá cumprido o objetivo a que se propôs.

— Sara Benjamin-Rhodes, Editora-executiva

Nota da Editora Oughten House

O material apresentado neste livro consiste em informações canalizadas. A interpretação que o leitor fará delas, ou de qualquer outra informação canalizada, será totalmente subjetiva e refletirá suas crenças pessoais.

As informações canalizadas foram transcritas com a máxima fidelidade para que seu sentido não fosse alterado. Por isso, algumas palavras são usadas de modo não-convencional. Em sua essência, o material permanece inalterado.

Nós, da Oughten House, expressamos nosso reconhecimento e gratidão a todos os que participaram da produção e tornaram possível a publicação deste livro: Marge e John Melanson, Barbara Rawles, Robin Drew, Irit Levy, Debbie Detwiler, Kiyo Monro, Alice Tang, Eugene P. Tang, Brad Clarke, Victor Beasley, Ruth Dutra, Nicole Christine, Dennis Donahue, Fred J. Tremblay, Kathy Cook, Debbie Soucek e Kimberley Mullen.

Agradecimentos

Agradecimentos especiais:

A Suzane Coronis, minha amada, por seus conselhos sábios, pelas estrondosas gargalhadas e constantes lembretes de que não deixasse de me divertir.

A Tony Stubbs, diretor extraordinário, por empenhar-se de corpo e alma para ver este livro publicado. Você esteve a meu lado desde o começo. Eu não poderia ter escrito este livro sem sua ajuda.

A J.J. Wilson, por sua incrível capacidade de discernimento, seu humor, impetuosidade e carinho. Você foi capaz de integrar a Angelic Outreach, física e espiritualmente. Não conseguiríamos fazer isso sem a sua ajuda.

A Gary Johnson, criador da maravilhosa Câmara Alfa, pelo apoio espiritual e financeiro que deu a este projeto. Graças a você, não tivemos que "trabalhar de graça".

À encantadora Dolores Montoya, por transcrever as fitas e cobrir o planeta com arco-íris e pó mágico.

A Paul Bader, por transcrever os acréscimos ao texto em pleno caos.

A Susannah Redelfs, por submeter o texto às suas críticas implacáveis, fazendo com que todos ríssemos mesmo quando a verdade doía.

À Missão Extraterrestre na Terra, por seu grande estímulo e humor impagável. Nós simplesmente amamos vocês, pessoal!

A Ralph Edmonds, Lucie Geear, Mark Kramer, Arisha e Zeke Wenneson, Lea Hubbard, Faraday Tabler, Michelle La Prise, Barbara Brooks, Arasia, Antarah e Sue Gage, por terem dado apoio espiritual e financeiro a esses projetos.

A Rob Gerard e a Cathy Cook, da Oughten House, por sua idéia de divulgar pelo mundo livros voltados para a ascensão e por estarem dispostos a incluir a Angelic Outreach em seus planos.

A Ariel e ao Conselho de Ein Soph (A Tripulação), por ter sido a melhor equipe de apoio multidimensional que este Obreiro da Luz poderia desejar.

A Sara Benjamin-Rhodes das Co*operativas Celestes, por seu excelente trabalho de edição de *O Que é Corpo de Luz?* É maravilhoso ter uma editora que entrou em sintonia com esta obra. Aprecio muitíssimo sua precisão e franqueza. Espero poder trabalhar com você em um futuro livro.

A todos os Obreiros da Luz que amaram e apoiaram a Angelic Outreach e usaram, usam e continuarão usando as informações contidas neste livro com vistas a participar da criação do Paraíso na Terra. Mãos à obra!

Prefácio do Canalizador

Peço para que vocês encarem tudo o que lerem nestas páginas como um modelo e simplesmente como mais uma opinião. É impossível expressar a Verdade (com V maiúsculo) em qualquer língua terrena. Pode-se apenas descrever realidades. Vejo a realidade como verbo, não como substantivo. Não existe uma única grande "Realidade" com R maiúsculo. O que existe é um fluxo constante do qual participam realidades individuais interligadas, sendo cada uma delas absolutamente única. Eu opto por viver numa realidade em que o planeta Terra está ascendendo para dimensões de Luz através da Alegria e do Bom humor.

É preciso que vocês saibam também que nenhum canalizador é 100% exato. Afinal, todas as informações chegam através do filtro das percepções humanas. Portanto, se algo nestas páginas lhes soar como verdadeiro, é porque já era a Verdade de vocês. Se isso não acontecer, enviem-no de volta para o universo. Trata-se apenas de mais uma opinião.

Eu e a minha equipe de trabalho solicitamos a vocês que não façam de mim, de Ariel ou de qualquer outra entidade canalizada uma autoridade fora de vocês. Vocês são a única autoridade que pode decidir o que é "real e verdadeiro" na sua vida particular.

A Angelic Outreach (AO) tem como propósito oferecer apoio aos Obreiros da Luz encarnados para que despertem para sua grandiosidade multidimensional, personifiquem a Divindade e iluminem o planeta Terra. Em sua forma terrena, a AO criou novas tecnologias, técnicas e associações com o intuito de participar da criação do Paraíso na Terra. Com a publicação deste livro, a AO conclui sua tarefa. Os Obreiros da Luz podem ter acesso a AO por meio de fitas, de poções e de livros como este.

Existem 383 planetas em ascensão, em cinco universos locais; um deles é o planeta Terra. Como Obreiros da Luz, vocês provavelmente estão encarnados em todos eles.

A Angelic Outreach, em toda a sua abrangência, é um programa multidimensional e multiuniversal de fusão total com a Fonte. Ao longo de todas as nossas encarnações, atuamos como um tecido que une os universos, estrelas e planetas, ajudamos a coordenar os vários programas de ascensão planetária em cada universo e cooperamos com a fusão de vários universos em um único. Ela funciona como uma ponte entre todas as Criações, ligando os Múltiplos à Unidade.

Sou um canalizador conscientemente receptivo aos seres de Luz Superior. Expando minha consciência multidimensionalmente e fundo-me com a amplidão do meu próprio Espírito. A partir disso, ligo-me a minha equipe de trabalho constituída de 24 Seres de Luz, e todos nós transmitimos informações através do meu corpo físico. Como vocês podem imaginar, esta é uma experiência extraordinária.

Minha relação com "A Tripulação" — nome pelo qual chamo minha equipe de trabalho — é de igual para igual. Somos Mestres co-criadores, seres de Luz, e consideramos que vocês também são Mestres de Luz.

Nessa tripulação, o Arcanjo Ariel atua como um Corpo de Luz teorizador. Ele formula o processo do Corpo de Luz, criando modelos, tecnologias e meditações que dão suporte para a ascensão em todos os níveis. Na qualidade de um desses aspectos personificados da tripulação, sirvo como canal para as energias do grupo e como técnico "perito" no Corpo de Luz.

Assim, o modelo de *O Que é Corpo de Luz?* aqui apresentado é "criação" de Ariel e acho que ele se saiu muito bem. O material que constitui este livro foi desenvolvido e apresentado em pequenos seminários, de 1987 a 1990. Ele foi transcrito, editado e impresso em forma de livro em 1990. Em 1993, o material foi atualizado, revisto e gravado em fita cassete. Nesta edição da Oughten

House, tanto Ariel quanto eu acrescentamos várias informações. Esperamos que vocês o vejam como um mapa útil e agradável que os oriente no caminho rumo ao Corpo de Luz.

Esta edição inclui também o livro *Invocações*. Desde a sua publicação em 1989, esses 33 poemas vêm encantando os Obreiros da Luz, e muitos os lêem todos os dias. Eles foram criados por vários membros da "Tripulação", e vocês sentirão suas diferentes freqüências nas Invocações.

Originalmente, esses dois livros foram publicados pela própria Angelic Outreach, mas nunca fomos capazes de atender à sua demanda. Por isso, estamos enlevados diante do fato de a Oughten House torná-los disponíveis àqueles que os aguardaram com tanta paciência e também a todos que os lerão pela primeira vez. Que a jornada de vocês para a Luz seja uma jornada de Alegria.

Da Fonte, a Serviço da Fonte
— Tashira Tachi-ren

Prefácio à Nova Edição

No dia 30 de maio de 1994 ocorreu uma mudança radical no Plano Divino com relação ao planeta Terra. Acelerou-se o tempo para favorecer a ascensão do planeta. No começo de junho, muitas pessoas viram imagens antigas da realidade do seu corpo físico vindo à tona, como também um medo absoluto da morte e do inimigo. Essas energias provinham do código genético dessas pessoas. Foi como se Deus tivesse tocado no corpo delas e arrancado pela raiz o medo e a separação. Antigos traumas ou doenças físicas podem ter voltado por um breve período de tempo. O tempo acelerou-se e muitos se sentiram frustrados por não conseguirem realizar seus projetos.

Os níveis descritos no modelo do Corpo de Luz continuam válidos. A passagem por esses estágios de transição pode levar vários anos ou alguns minutos, dependendo da vontade do Espírito. ***Esses níveis não são uma medida da realização espiritual da pessoa.*** O Espírito dela determina o nível apropriado de seu Corpo de Luz, dependendo do plano Divino com relação a ela, da posição em que ela se encontra no holograma das encarnações e do que é preciso para servir à ascensão do planeta. Na verdade, o Corpo de Luz está relacionado com a evolução desta espécie, bem como com o serviço coletivo a todas as formas de vida.

Se olharem para este planeta a partir do ponto de vista das Mentes Supremas, vocês verão todo o seu ciclo Alfa-Ômega (do começo ao fim no tempo) e trilhões de realidades paralelas através do espaço. Vocês são partes encarnadas das Mentes Supremas e têm muitas vidas simultâneas por toda a estrutura do espaço-tempo. Chamamos a isso de rede holográfica das encarnações. Do ponto de vista das Mentes Supremas, todas essas vidas estão acontecendo AGORA e servem como coordenadas para reestruturar o holograma desse jogo planetário da separação. Toda a tessitura do espaço-tempo está contida em uma membrana que chamamos de bolha holográfica. Essa bolha de realidades tridimensionais já percorreu três quartos do percurso para a quarta dimensão e está "ascendendo" rapidamente. A bolha está perdendo a força e dissolvendo-se; e as pessoas estão reagindo de muitos modos diferentes a essas mudanças.

Uma Parábola

Imaginem um pequeno aquário (feito de vidro espelhado por dentro) encerrado dentro de um outro aquário, maior. Os peixes que estão no aquário maior podem ver o que acontece dentro do aquário menor, mas os peixes que estão no aquário menor não podem ver além dele. O aquário menor é a única realidade desses seres. Imagine que o aquário maior contém água salgada e anêmonas, caranguejos e todas as espécies de peixes extraordinários. O aquário menor contém água doce e peixinhos dourados.

O vidro do aquário menor está ficando cada vez mais fino. Pequenas quantidades de água salgada estão se infiltrando por suas paredes e os peixinhos dourados são forçados a desenvolver-se muito rapidamente para poder adaptar-se a essa mudança ambiental. À medida que as paredes se tornam mais finas, os peixinhos dourados começam a perceber vagamente os seres do aquário maior. Alguns peixinhos dourados encaram os outros peixes como inimigos e procuram a todo custo defender seu aquário de uma invasão iminente. Eles vêem nas anêmonas o Mal e acusam os outros peixinhos dourados de serem "influenciados pelas anêmonas". Esses peixinhos dourados escondem o medo que sentem, criando um clima de terror à sua volta.

Alguns peixinhos dourados concluem que os peixes do aquário maior estiveram controlando o aquário deles o tempo todo. Eles consideram a si mesmos, e a todos os outros peixinhos dourados, pobres vítimas. Supõem que as criaturas que vivem do outro lado da parede de vidro os mantiveram no aquário menor com o propósito único de algum dia devorá-los. À medida que as paredes do aquário menor se desfazem, eles se sentem cada vez mais aterrorizados.

Alguns dos peixinhos dourados vêem os peixes do outro lado das paredes de vidro como seres sagrados, superiores e todo-poderosos. Esses peixinhos abrem mão do seu poder interior e, confusos, oscilam entre o sentimento de terem sido especialmente eleitos e o sentimento de completa inutilidade. Procuram interpretar as mensagens ocultas de seus "mestres" e fundamentam suas ações e crenças nessas mensagens. Nadam de um lado para outro no pequeno aquário, criando com isso muita agitação sem nenhum efeito duradouro.

Outros peixinhos dourados vêem os seres do aquário maior como irmãos e ficam maravilhados diante das variações milagrosas usadas pelo "Grande Peixe" para se expressar. Esses peixinhos dourados sabem que a evolução de sua espécie, a dissolução do aquário e até mesmo as reações de medo, o desespero e o sentimento de inutilidade dos outros peixinhos dourados fazem parte das barbatanas do "Grande Peixe". Eles seguem o Espírito do Grande Peixe em cada brânquia e em cada barbatana. Entram em êxtase enquanto se preparam para nadar em águas mais profundas.

A bolha holográfica está, portanto, dissolvendo-se, causando às vezes tantas fusões de paralelos que chegam à razão de dezenas de milhares por minuto. O tempo linear está acabando enquanto evolui para uma estrutura de tempo simultâneo (o AGORA Infinito). O espaço linear está se expandindo enquanto evolui para o espaço simultâneo (a Presença Infinita).

As fusões de paralelos são com freqüência muito perturbadoras — muita vertigem, tremores, lampejos de visão e sensações de descontinuidade. Com base no conhecimento de que as fusões de paralelos ocorridas em meados de outubro de 1994 iriam alterar os níveis do Corpo de Luz das pessoas e que essas fusões poderiam ser tão fortes a ponto de rebentar a bolha, foi realizado um experimento. Estimulamos as complexas ondas das estruturas subatômicas para que recebessem as ondas de uma dimensão superior. Isso levou os movimentos das ondas subatômicas em paralelos separados a entrar em sintonia com padrões controláveis de interferência. O resultado foi um leve aumento na Luz manifesta e uma pequena supressão das descontinuidades abrasivas. A bolha holográfica não se desestabilizou, na verdade se fortaleceu.

Isso quer dizer que o colapso final será muito mais brando. Sincronizaremos as ondas complexas desta realidade com as ondas do plano astral mais elevado e depois com as das dimensões superiores. As transições dimensionais terão menos impacto e serão consideradas, na maioria das vezes, como experiências oníricas. Não obstante, achamos que todos perceberão a mudança.

Em meados de outubro, sem a dramaticidade usual, a maioria dos Obreiros da Luz passou para o Corpo de Luz de décimo nível e a totalidade da população passou para o oitavo nível. Muitos de vocês (inclusive Tachi-ren) reclamaram da ausência de fogos de artíficio por ocasião dessa mudança. Nós também queremos que as pessoas percebam o que está ocorrendo. Apesar de termos como principal interesse não desestabilizar prematuramente a bolha, procuraremos tornar a experiência mais forte nas fusões futuras.

Como o Espírito está lhes colocando numa nova posição com respeito à ascensão, muitos estão sentindo que concluíram sua missão neste plano. Deixem que os velhos modelos e fórmulas se desprendam livremente. Um novo padrão está em desenvolvimento. Vocês talvez sintam que têm mais facilidade para se expressar ou que precisam ser mais criativos. Existem duas canções viajando pelas ondas sonoras, que resumem o que a maioria das pessoas está sentindo: "Tudo o que eu quero é me divertir um pouco, e acho que não sou o único", e "Comece agora — não espere até amanhã!"

A que espécie de peixe vocês pertencem? À que se ocupa em combater "O Inimigo"? Empunharam a espada de Luz e estão em nome da justiça combatendo os planos secretos do governo, as forças obscuras e ocultas? É essa realmente a visão que vocês têm do Paraíso na Terra? Estão preocupados com a possibilidade de os extraterrestres dominarem o planeta? Vocês concordam com as visões da realidade segundo as quais os seres humanos são vítimas incautas ou uma simples fonte colonizada de recursos alimentares? Como essa visão se coaduna com a idéia de que toda pessoa é um mestre, amplo e multidimensional? Terão vocês substituído a ligação com o próprio Espírito por uma ligação com algum guru, mestre ascensionado ou entidade canalizada? O universo inteiro se reorganizará para acomodar as visões que vocês têm da realidade. O que vocês querem — realmente? O Espírito de vocês está mudando de postura com respeito à ascensão. Deixem que a graça da transfiguração inunde a alma de vocês. Sigam seu próprio Espírito querido, a cada lufada de ar que inspiram e a cada passo que dão. Vivam o Paraíso!

Da Fonte, a Serviço da Fonte
— O Conselho de Ein Soph

Introdução do Arcanjo Ariel

Quando olhamos para vocês, os vemos como seres grandiosos e multidimensionais. Existe apenas um pedacinho de vocês nesse corpo, mas ele acha que é esse todo. Alguns de vocês estão começando a pressentir que isso não é verdade. Nós observamos vocês em todas as dimensões, na grandiosidade que vocês são.

A nosso ver, pela simples razão de estarem lendo este livro, vocês são Obreiros da Luz e estão aqui com uma missão a cumprir. Estão aqui para ajudar na transição do planeta Terra para a Luz. Vocês já fizeram isso inúmeras vezes e se tornaram especialistas nisso.

Este livro lhes oferece um modelo que descreve o processo que está ocorrendo neste planeta. Esta obra não é verdadeira; não é real, porque, quando se está tentando descrever um modelo multidimensional e não-linear, é impossível usar a linguagem humana. Mas vamos tentar fazer isso da melhor maneira possível. Se vocês às vezes se sentirem um pouco confusos, agüentem firme, porque o próprio processo não é absolutamente linear. Ele se assemelha mais à música.

Entretanto, nós só podemos apresentar esse modelo de forma linear. Tentamos fazer isso de forma não-linear e ninguém entendeu nada. Esperamos que vocês possam perceber as mudanças pelas quais estão passando. Sabemos que se o corpo mental puder dizer, "Ah, isso faz parte do oitavo nível do Corpo de Luz", os medos ocultos serão atenuados. Essa informação faz-se necessária porque o nível de medo é muito alto, especialmente o medo proveniente dos corpos físico e mental. Se souberem o que está acontecendo com vocês e descobrirem que isso faz parte de um processo coerente, não vão achar que estão ficando malucos.

Cada vez que um planeta avança em direção à Luz, o processo de volta para casa, em que vocês aos poucos se libertam da experiência de separação, expressa-se de maneira única. O processo é diferente, dependendo do planeta e da espécie que está ascendendo para a Luz. Este modelo diz respeito à espécie humana do planeta Terra.

Há 383 outros planetas avançando em direção à Luz simultaneamente, e a maioria de vocês está encarnada na maior parte deles. Este planeta é, entretanto, especial, porque passou pelo nível máximo de separação da Fonte e agora está retornando a ela. E o retorno será bem-sucedido. Não há absolutamente nenhuma dúvida quanto ao êxito da volta deste planeta à Fonte e de que não haverá nenhum apocalipse nesta realidade paralela. Houve um tempo em que não estivemos tão certos de que este planeta seria capaz de voltar à Fonte, mas hoje celebramos a certeza do regresso seguro.

Uma espécie pode, porém, ascender ou passar para a Luz sem que o planeta ascenda. Esta não é a primeira espécie deste planeta a ascender — existiram quatro outras espécies antes da de vocês. O que torna esse processo em particular tão extraordinariamente maravilhoso é o fato de o planeta Terra também estar ascendendo. Ele é um ente vivo e consciente que concordou em participar desse jogo da separação sob a condição de ascender quando ele acabasse.

Gostaríamos de mencionar a excelência desse jogo no momento em que o planeta volta à Fonte. A beleza da Expressão Divina que vemos no rosto de vocês quando voltam é extasiante para os nossos olhos. Embora vocês tenham se afastado da Fonte pelo que, para nós, foi apenas um breve período de tempo, a reunificação constitui uma das energias mais extraordinárias do universo. Esperamos que vocês possam sentir isso conscientemente, por vocês mesmos. Como nós existimos em simultaneidade, já vimos vocês passarem pela reunificação e esperamos participar da alegria que sentirem ao superar a si mesmos.

Eu gostaria também de acrescentar que as medidas apresentadas no nosso modelo de Corpo de Luz resultaram do exame da quantidade de trifosfato de adenosina nas células. Mensuramos os níveis de Corpo de Luz com base no nível de mutação do corpo físico. A Angelic Outreach recebeu vários chamados de pessoas declarando que se encontravam no décimo segundo nível do Corpo de Luz. Respondemos a elas que, de acordo com este modelo, isso não é possível, pois, se uma pessoa estivesse no décimo segundo nível do Corpo de Luz, ela não conseguiria pegar o telefone; ela seria pura Luz e não estaria na dimensão em que está. Ela pode, porém, ter muitos níveis de consciência, e tanto sua mente como sua consciência podem ir a muitos lugares; mas o que está ascendendo é o corpo físico dela, e é por isso que o mensuramos. Sabíamos que, se formulássemos esse modelo de modo linear, e em níveis, muitos egos humanos se envolveriam em jogos do tipo "Sou mais evoluído do que você (ou qualquer outro)". Lembrem-se, por favor, que cada nível é diferente e essencial. Nenhum é "melhor" do que o outro. Lembrem-se também que, até janeiro de 1995, ninguém deste planeta, nesta realidade paralela, se encontra no décimo primeiro ou décimo segundo nível do Corpo de Luz.

Por fim, gostaríamos de agradecer-lhes por estarem presentes no planeta neste momento. Vocês vieram para cá sabendo que teriam de adormecer. Teriam de negar tudo o que são, esquecer tudo o que sabem e tornar-se irreconhecíveis para si mesmos e para os outros. A nós coube a tarefa mais fácil — jamais nos afastamos da Fonte ou sentimos a separação do Espírito. Portanto, temos grande respeito pelo que vocês estão fazendo e nos sentimos honrados por trabalhar com vocês.

— Ariel

O Que é Corpo de Luz?

Todas as técnicas e processos descritos neste livro visam à Integração da Luz Espiritual. Mas isso não se trata de uma prescrição médica. Se vocês estiverem com qualquer um dos sintomas mencionados a seguir, consultem um médico.

Como vocês provavelmente sabem, este planeta encontra-se em ascensão. A freqüência dele está aumentando num ritmo muito rápido, e ele está perdendo sua densidade. A matéria, tal como vocês a conhecem na terceira dimensão, é densificação de Luz. Essa densificação está começando a diminuir e o ritmo vibratório de cada um de vocês, bem como de todo o planeta, está aumentando. Este é um processo extremamente interessante.

Quando ocorre um processo de densificação, como o que está

acontecendo neste planeta, alcança-se o ponto máximo de separação com relação às formas mais puras da Luz. Nesse ponto de separação máxima, ocorre uma mudança e o planeta começa a reverter o processo e a iniciar o que denominamos jornada para casa, ou seja, de volta ao Ponto Um. Existem atualmente de sete a oito milhões de Obreiros da Luz atuando neste planeta — o que alguns chamam de "equipes de transição planetária". Cada um de vocês é um Obreiro da Luz. Vocês vieram realizar uma missão especial, desenvolver talentos especiais e gozar de prazeres especiais. Muitos de vocês tornaram-se especialistas em colaborar com a ascensão de planetas, por terem feito isso milhares de vezes.

A ascensão de cada planeta constitui um processo único — o processo de reunificação. E a alegria pela reunificação é expressada de forma diferente, dependendo de como se desenrolou o jogo. Esse jogo levou ao maior grau de separação do Espírito que se poderia alcançar. E foi muito bem-sucedido.

Mas o jogo, como vocês sabem, está mudando agora. E esse processo de mudança teve início oficialmente em março de 1988. Nesse momento, o que denominamos "ativação do primeiro nível do Corpo de Luz" ocorreu com a maioria dos Obreiros da Luz. Foi como se um sininho tivesse ressoado em sua estrutura de DNA dizendo, "É hora de voltar para casa!" E assim começou o processo de mudança. Apesar de ele ser extremamente prazeroso na maior parte do tempo, às vezes também pode ser difícil. Mas é um processo pelo qual todos vocês já passaram antes.

O que torna o jogo interessante é a pergunta, "Como me sairei desta vez? Por quais energias, emoções e prazeres passarei nesta jornada para a reunificação?" O que chamamos de "inspiração e expiração" da Fonte já ocorreu muitas e muitas vezes, e essa inspiração em particular terá sua própria expressão e satisfação com a volta deste planeta e de todos os outros ao Ponto Um.

Este planeta encontra-se em estado de transição para a Luz, ou em processo de ascensão. Este é um processo gradual — vocês não passam da matéria para a Luz de um dia para o outro. Todos estão nesse processo e muitos de vocês estão, pelo menos, na metade do caminho.

As Dimensões

Antes de tudo, vou descrever resumidamente as várias dimensões ou planos de existência de acordo com o nosso modelo. Usamos um modelo de doze dimensões e vocês, que habitam um corpo físico, existem na terceira dimensão, que se baseia na matéria. A quarta dimensão, chamada plano astral, baseia-se sobretudo nas emoções. Juntas, essas duas dimensões formam o que chamamos de Mundo Inferior da Criação. Essas são as dimensões onde o jogo da separação se realiza. Essas são as únicas dimensões nas quais a ilusão do bem e do mal prevalece e nas quais é possível sentir-se separado do Espírito, bem como dos outros seres humanos. Todos vocês se tornaram muito bons nesse jogo. Foi um jogo de separação muito bem-sucedido, mas agora é hora de acabar com ele. Portanto, este planeta encontra-se em processo de ascensão e atualmente está vibrando nos níveis mais baixos do plano astral. Como parte do processo de ascensão, todas as dimensões se fundirão com as dimensões superiores e deixarão de existir.

Como atualmente o planeta está vibrando no nível do plano astral intermediário, muitos de vocês começam a sentir como se estivessem sonhando. Nunca estão bem certos se estão acordados ou dormindo. As continuidades estão se rompendo. Paira no ar o sentimento de que as coisas podem mudar enquanto vocês as seguram nas mãos. A caneta com a qual estão escrevendo pode tornar-se um martelo, e essa falta de continuidade acabará por não incomodá-los, exatamente como ocorre quando vocês estão sonhando. Vocês perceberão que o estado onírico está se alterando, que no momento em que despertam não se sentem muito seguros de que estão acordados. E ficarão lúcidos enquanto sonham, totalmente conscientes nesse estado. Estarão totalmente conscientes de si enquanto passam de uma realidade para outra, sentindo que elas também são reais. Vocês terão a impressão de que não existe mais apenas uma única realidade verdadeira.

A quinta, a sexta, a sétima, a oitava e a nona dimensão formam o Plano Intermediário da Criação. De acordo com o modelo que usamos, a quinta dimensão é a do Corpo de Luz, na qual vocês têm consciência de si mesmos como mestres e seres multidimensionais. Na quinta dimensão, vocês estão inteiramente voltados para a espiritualidade. Muitos de vocês vieram deste plano para se tornarem Obreiros da Luz aqui.

A sexta dimensão detém as matrizes dos padrões de DNA para a criação de todos os tipos de espécies, inclusive a humana. Ela é constituída sobretudo de cores e tons e é também onde as Linguagens da Luz são armazenadas. É a dimensão na qual a consciência cria através do pensamento e é também um dos lugares que vocês visitam enquanto dormem. Pode ser difícil perceber essa dimensão, uma vez que vocês não têm corpo, a não ser que optem por criar um. Quando viajam pela sexta dimensão, vocês são como um "pensamento vivo". Vocês criam através da consciência, mas não têm necessariamente um veículo para essa consciência.

A sétima dimensão é a da criatividade pura, pura Luz, puro tom, pura forma e pura expressão. É o plano do aperfeiçoamento infinito e é o último plano em que vocês se vêem como "indivíduos".

A oitava é a dimensão da mente grupal ou espírito grupal e é onde vocês têm contato com a maior parte do que são. Ela é caracterizada pela perda do senso do "eu". Nas viagens através das múltiplas dimensões, essa é aquela em que vocês têm mais dificuldade para manter a consciência individual, uma vez que se tornam puramente "nós", e atuam com propósitos grupais. Portanto, pode parecer como se vocês estivessem dormindo ou tivessem simplesmente "apagado".

De acordo com o modelo que usamos, a nona dimensão é o plano da consciência coletiva dos planetas, sistemas estelares, galáxias e dimensões. Nessa dimensão também é extremamente difícil manter o senso de "eu", uma vez que a pessoa torna-se tão ampla que abrange tudo. Imaginem-se como se fossem a consciência de uma galáxia! Vocês contêm todas as formas de vida, estrelas, planetas, bem como a mente grupal de todas as espécies existentes nela.

A décima, a décima primeira e a décima segunda dimensões formam o Plano Superior da Criação. A décima é a fonte dos Raios, morada do que chamamos Elohim. É onde são traçados novos planos de criação que depois são enviados para os níveis intermediários de criação. O senso do "eu" pode ser preservado nesse nível, mas não é exatamente o mesmo senso que se está acostumado a ter na terceira dimensão.

A décima primeira dimensão é a que antecede a formação da Luz — o ponto anterior à criação e um estado de expectativa enorme, exatamente como o momento que antecede o espirro ou o orgasmo. É o plano do ser conhecido como Metraton, bem como dos Arcanjos e outros Akáshicos deste sistema de Origem. Existem registros de Akáshicos planetários e Akáshicos galácticos, bem como do Akáshico de todo um sistema de Origem. Vocês se encontram num dos muitos sistemas de Origem. Portanto, estamos lhes dando a descrição de apenas um sistema de Origem — este aqui. Se vocês forem a outro sistema de Origem, tudo será diferente. Como sou um Arcanjo, meu lugar de referência é a décima primeira dimensão.

A décima segunda dimensão é o Ponto Um, onde toda consciência vê a si mesma como sendo totalmente una com Tudo Que Existe. Não há nenhuma espécie de separação. Se vocês entrarem em contato com esse nível, terão a sensação de que são inteiramente unos com Tudo Que Existe, com a força do Criador. Se vocês entrarem em contato com essa força, vocês jamais serão os mesmos, uma vez que, a partir do momento que conheceram a perfeita unidade, não poderão mais manter o mesmo nível de separação.

Os Corpos

Assim, no velho mundo, vocês têm um corpo físico, e a reação da maioria das pessoas a esse corpo físico é considerá-lo como um inimigo ou um adversário. Afinal, é através dele que vocês conhecem as limitações kármicas. Em conseqüência disso, as pessoas geralmente têm a sensação de que "se não tivessem um corpo, não teriam todas essas limitações". Há quem negue totalmente o fato de que o próprio corpo tenha uma consciência e que o propósito dessa consciência seja servir ao indivíduo e ao Espírito. Por isso, o corpo físico passa a maior parte do tempo sentindo-se negado e maltratado, pois vocês dizem a ele: "Eu não quero resgatar o karma através de você e por isso não vou dar nenhuma atenção ao que você disser. Não vou lhe dar o que você quer comer e não vou permitir que você faça as coisas do jeito que quiser." Curiosamente, é assim que vocês tratam o corpo. Se refletirem sobre isso, perceberão que a maioria das pessoas tem uma relação de amor e ódio com o próprio corpo. "Sou gordo demais, alto demais, grande demais, tenho pouco cabelo ou eles são crespos demais, compridos demais ou curtos demais." É esse o tipo de relação que a maioria das pessoas tem com o corpo físico.

Vocês também têm algo que denominamos corpo etérico. E a maioria das pessoas, se chega a perceber esse nível etérico, percebe esse corpo a cerca de um centímetro da pele. Mas ele também está dentro de vocês. Esse corpo sustenta as estruturas da sétima, da sexta, da quinta e da quarta dimensões. Vamos agora explicar isso. Estamos falando de dimensões. Vocês estão, neste momento, na terceira dimensão. A quarta dimensão, segundo o nosso modelo, é a do plano astral. É onde o padrão kármico de vocês está armazenado no corpo etérico. Essa dimensão aciona os movimentos que passam para os outros corpos energéticos, dando origem às experiências kármicas. Ela também concorre para manter o DNA atuando em níveis restritos à sobrevivência. Faz isso limitando a quantidade de Luz que o corpo pode absorver.

Existe também a estrutura de quinta dimensão do Corpo de Luz (que está adormecida), e nessa estrutura há algo que denominamos cristais etéricos. Esses cristais bloqueiam certos fluxos, impedindo que esse corpo seja ativado prematuramente.

A estrutura etérica de quinta dimensão é formada de um sistema axiotonal de meridianos, um sistema circulatório axial e pontos giratórios aos quais são conectados esses sistemas e estruturas.

Como parte do jogo da separação, os meridianos axiotonais humanos perderam a conexão direta com o Eu Supremo e com outras populações estelares. Isso causa a atrofia do cérebro, o envelhecimento e a morte. As linhas axiotonais equivalem aos meridianos da acupuntura que possibilitam a ligação com a Mente Suprema e com os sistemas estelares ressonantes.

Através das linhas axiotonais, o corpo humano é reprogramado diretamente pelo Eu Supremo em um novo corpo de Luz. As linhas axiotonais existem independentemente de qualquer corpo físico ou forma biológica. Elas emanam de vários sistemas estelares e constituem o meio pelo qual o corpo galáctico controla seus mecanismos de renovação. Visualizem a Via-Láctea como sendo o corpo de um ser vivo consciente. As estrelas e planetas são os órgãos desse corpo: as diferentes espécies existentes nas estrelas e nos planetas são como células dos órgãos do corpo galáctico, renovando as energias dos órgãos e células. O planeta Terra e seus habitantes foram desconectados do corpo galáctico e da Mente Suprema para entrar no jogo da separação, mas agora estão sendo reconectados.

As linhas axiotonais são formadas de Luz e Som. As funções do Ofício Crístico são necessárias para reestruturar os meridianos axiotonais no corpo humano. Uma vez que a reconexão tenha ocorrido, o Eu Supremo transmite as freqüências apropriadas de cor e som para transformar o corpo físico em Corpo de Luz.

As linhas axiotonais encontram-se ao longo dos meridianos da acupuntura e conectam-se com alguns deles através dos "pontos giratórios". Esses pontos são pequenos vórtices esféricos de energia eletromagnética que parecem estar na superfície da pele. Existem também pontos giratórios em cada célula do corpo. Esses pontos celulares emitem freqüências de Som e Luz que fazem girar os átomos das moléculas contidas na célula a uma velocidade maior.

Com a aceleração do movimento giratório das moléculas, são criadas as fibras de Luz que formam uma rede para a regeneração das células.

O sistema circulatório axial foi completamente atrofiado na espécie humana, para que as linhas axiotonais fossem desconectadas e o jogo da separação pudesse ser efetuado. Trata-se de um sistema energético de quinta dimensão que liga os pontos giratórios da superfície da pele ao ponto giratório de cada célula. Ele é um modelo para a transmutação física e está sendo renovado agora, quando as linhas axiotonais estão sendo reconectadas. O sistema axial faz pulsar a energia como o sistema circulatório faz pulsar o sangue, mas o sistema axial é basicamente de natureza elétrica, como o sistema nervoso. O Eu Supremo envia energia para a linha axiotonal, que a passa então para os pontos giratórios da superfície da pele, energizando os meridianos físicos de acupuntura e, em seguida, o sistema axial. Quando o sistema axial recebe energia do Eu Supremo, ele recombina sons e cores para sintonizar novamente os sistemas circulatório, linfático, endócrino e nervoso com o Plano Divino, o Adão Kadmon. Esse sistema também conduz a energia do Eu Supremo até os pontos giratórios no interior das células. Isso estimula os pontos giratórios a emitir Som e Luz para criar uma estrutura em forma de rede que faz com que a humanidade continue evoluindo.

A sexta dimensão detém os moldes ou padrões que são criados para a formação da matéria e dos Corpos de Luz. É nessa dimensão que são mantidos todos os códigos de DNA. Portanto, vocês têm um padrão de sexta dimensão que determina o conteúdo do DNA, bem como a forma física de vocês. Os Obreiros da Luz têm amostras do material genético das várias espécies que vivem nos 383 planetas em ascensão.

As estruturas de sétima dimensão servem para personificar a Divindade. Elas atuam como mediadoras entre o corpo físico ou astral de uma determinada espécie e sua essência divina. O Adão Kadmon é a forma divina da qual emanam todas as espécies sencientes; por isso, ele abarca inumeráveis formas. As estruturas de sétima dimensão são extremamente flexíveis e variam de pessoa para pessoa. Existem "fronteiras" preestabelecidas na estrutura e nos corpos de terceira e quarta dimensões que determinam um limite para a mediação dos Espíritos Superiores e para a corporificação de qualquer espécie.

Portanto, antes da ativação dos corpos para a Luz, os que estavam caminhando sobre este planeta perceberam, em sua maioria, só o padrão de quarta dimensão em seu corpo.

O corpo seguinte de acordo com este modelo é o que chamamos de corpo emocional. Os corpos emocional, mental e espiritual são formados de tetraedros duplos, tal como podem ser vistos da perspectiva pentadimensional. Eles giram de acordo com certos ritmos específicos. No corpo emocional, vocês têm todos aqueles pontos de aprisionamento, que não passam de formas geométricas puras que por acaso não se movem de maneira coerente. Esse movimento irregular é causado pelas estruturas de quarta dimensão contidas no padrão etérico. Em conseqüência disso, vocês ficam presos às emoções — o que faz parte do jogo kármico. Nesse jogo, vocês são instruídos para não se expressar. Expressar-se é perigoso. Se vocês não puderem se expressar, prenderão as maravilhosas formas geométricas naquele campo. O que acontece é que vocês vagam por aí até toparem com alguém com um "ponto de aprisionamento" complementar. Então, suas pequenas formas geométricas ficam aprisionadas e eis vocês ali, vivendo o karma. Vocês ficam presos e permanecerão presos até concluí-lo e as formas geométricas se libertarem. Vocês sentem a situação como uma limitação, sentem-na como um mal-estar. E quando passam por essa situação, vocês se perguntam: "Por que diabos estou passando por isso?"

O corpo mental também é constituído por formas geométricas. A função desse corpo é determinar a realidade. Ele acredita deter o controle. Crê que dirige o espetáculo. Ele não o dirige, mas sua tarefa é determinar o que é "real". Ele determina o modo pelo qual o universo é recriado na vida de vocês. Portanto, por determinar o que é real, ele os mantêm aprisionados no jogo kármico. Não há nada que o corpo mental deteste mais do que a mudança. Absolutamente nada. Porque se vocês mudam o que estão fazendo agora, poderão não sobreviver no futuro. Ele continua mantendo uma realidade que, na visão dele, os manterá vivos, não importando se essa realidade os agrada ou não. Ele não se importa o mínimo com a felicidade ou a satisfação de vocês. Ele está ali para garantir a sobrevivência.

O estado natural de Tudo Que Existe é unificado no interior dele mesmo. A quantidade de energia que o corpo mental despende para manter a ilusão da separação é absolutamente incrível. Despende muito mais energia do que se ele simplesmente abrisse mão dessa ilusão. Essa é, em parte, a razão pela qual o corpo mental foi criado para ser forte. A maneira mais fácil de manter a ilusão da separação foi fazer o corpo mental considerar tudo o que não pode ver como sendo "irreal". Dessa maneira, ele rejeita todos os impulsos provenientes do Espírito.

O corpo espiritual (o próximo de dentro para fora) é também formado pelos mesmos tetraedros duplos, mas é ignorado na maior parte do jogo kármico. Seu objetivo original é ligar a pessoa com sua Mente Suprema, sua Alma Crística Suprema e com a Presença EU SOU. O corpo espiritual permanece quase totalmente fora do jogo kármico. Ele é simplesmente deixado de lado e essas ligações não são estabelecidas.

O corpo espiritual transmite impulsos e informações provenientes do Espírito da pessoa, os quais são então barrados pelo corpo mental que diz: "Isso não é real." Quando o corpo emocional capta indicações do Espírito, em vez de tentar expressá-las, ele se cala. E a pessoa continua repetindo todo o círculo de limitação e separação, uma vez que todo esse jogo está baseado na ilusão da separação do Espírito. Foi para isso que ele foi criado.

Os Chakras

O que também muda de função é o sistema dos chakras. A maioria das pessoas sabe da existência dos chakras. Cada uma delas tem um total de quatorze chakras principais que existem em muitas dimensões simultaneamente — sete no corpo físico, sete fora do corpo — e mais os "chakras" Alfa e Ômega. A maioria das pessoas vê ou sente os chakras como fontes que vibram e irradiam energia, mas os chakras também têm uma estrutura interna de seis dimensões.

Sob o domínio do jogo kármico, a estrutura dos sete chakras do corpo foi deliberadamente restrita para que eles pudessem apenas conduzir energia do plano astral. Eles foram "bloqueados". Com essa estrutura limitada, o chakra assumiu a aparência de dois cones. Um dos cones abre-se para a frente do corpo e o outro abre-se para trás. No lugar em que suas pontas se tocam no centro do corpo, ele é "bloqueado" para que permaneça dessa forma. Essa parte central mais estreita tende a ser obstruída por "entulhos" mentais e emocionais, que fazem com que os cones girem mais lentamente ou parem totalmente de girar. Isso faz com que o sistema dos meridianos fique desprovido de energia, podendo causar doença ou morte. Essa estrutura dos chakras pode fazer com que a energia circule apenas da frente para trás e de trás para a frente, sem conseguir captar as freqüências das dimensões superiores.

Quando o processo do Corpo de Luz é ativado, os "bloqueios" nos pontos centrais são eliminados. A estrutura do chakra abre-se gradativamente a partir do centro até ele se tornar esférico. Isso faz com que o chakra irradie energia em todas as direções e comece a transmitir freqüências das dimensões superiores. O corpo libera o material kármico acumulado e a forma esférica impede que ele volte a se acumular. As esferas continuam aumentando de tamanho até que todos os chakras se fundam em um único campo energético. Cada um dos chakras superiores (os chakras que estão fora do corpo) tem um padrão diferente de estrutura geométrica, que é apropriada para transmitir as freqüências específicas da dimensão ou Mente Suprema associada ao chakra. O oitavo e o décimo primeiro chakras contêm também vasos cristalinos de formato achatado, pelos quais passam as linhas axiotonais galácticas. Esses vasos são usados pela Mente Suprema para modular as influências astrais sobre o corpo físico da pessoa quando seus meridianos axiotonais forem reconectados. A Mente Suprema calibra novamente as linhas axiotonais e o sistema circulatório axial através do oitavo chakra. Por isso, esse chakra atua como "chave de controle" durante a mutação dos sistemas do corpo e a fusão dos corpos energéticos.

Até recentemente, os "chakras" Alfa e Ômega estiveram atrofiados no corpo humano. Mesmo sendo centros energéticos, os "chakras"Alfa e Ômega têm características e funções totalmente diferentes das dos outros chakras. Eles são reguladores altamente sensíveis das ondas elétricas, magnéticas e gravitacionais, e também servem de âncora para a qualidade etérica da sétima dimensão.

O "chakra" Alfa situa-se de quinze a vinte centímetros acima e cinco centímetros à frente do centro da cabeça. Ele liga a pessoa ao corpo de Luz imortal na quinta dimensão. O "chakra" Ômega encontra-se cerca de vinte centímetros abaixo da parte inferior da coluna e liga a pessoa ao planeta como um holograma, bem como com toda a rede holográfica de encarnações. Diferentemente da matriz kármica de quatro dimensões, esse é um tipo de ligação inteiramente não-kármico. O oitavo chakra encontra-se de dezessete a vinte e três centímetros acima do centro da cabeça, acima do "chakra" Alfa. Há uma coluna de Luz, de cerca de dez centímetros de diâmetro, que desce do oitavo chakra através do centro do corpo e dos chakras corporificados, até cerca de vinte centímetros abaixo dos pés. Essa coluna abriga um túnel de Luz, de cerca de dois centímetros de diâmetro, que desce exatamente pelo centro, percorrendo toda a extensão da coluna.

Quando os "chakras" Alfa e Ômega estão abertos e funcionando devidamente, a pessoa sente algo conhecido como Ondas de Metraton percorrendo a coluna de Luz internamente. Essas ondas magnéticas, elétricas e gravitacionais oscilam de um lado para outro entre os "chakras" Alfa e Ômega que regulam a amplitude e a freqüência das ondas. Essas ondas estimulam e mantêm o fluxo de energia vital prânica através do túnel menor de Luz. As Ondas de Metraton também ajudam a adaptar a mutação do corpo físico ao modelo preexistente do corpo de Luz imortal.

Quando os chakras do corpo restabelecem sua estrutura esférica, formam-se redes que conectam os chakras diretamente aos pontos giratórios da superfície da pele, ligando-as diretamente aos novos sistemas axiotonais e axiais. Ao ligar as redes com as linhas axiotonais, os chakras entram em contato com redes de ressonância universal e com movimentos ondulatórios de níveis superiores de evolução. Isso possibilita que os chakras, bem como os corpos emocional, mental e espiritual fundam-se num único campo energético. Esse campo unificado recebe então os corpos da Mente Suprema e entra em sincronia com as ondas e pulsações do universo. Esse sistema totalmente novo transmite, então, essas ondas e pulsações, por meio dos pontos giratórios, para o sistema circulatório axial para regular as pulsações e fluxos dos fluidos do corpo.

Durante o jogo kármico, como a pessoa está separada do Espírito, vivendo em estado de limitação e alienada de seu corpo físico, isso normalmente significa que ela não se encontra em seu corpo. E se ela não está em seu corpo, não pode ativar o chakra do coração.

Como ela não pode ativar o chakra do coração, os chakras predominantes são o chakra da base, o chakra do umbigo e o chakra do plexo solar. Todas as atitudes da pessoa são um resultado do medo instintivo, do padrão kármico, do poder, da luxúria, da cobiça ou de puras relações de poder centradas no ego. A pessoa, portanto, não conseguirá ter nenhuma atitude mais elevada enquanto não estiver inteiramente no corpo. E, obviamente, os chakras superiores que estão fora do corpo não serão de maneira alguma ativados.

A Ativação

Em março de 1988, todos aqueles que chamamos de Obreiros da Luz neste planeta foram ativados até pelo menos o primeiro nível do Corpo de Luz. A 16 de abril de 1989, toda a estrutura cristalina da matéria e todo habitante deste planeta foram ativados até pelo menos o terceiro nível do Corpo de Luz. Portanto, esse não é nenhum processo seletivo: todo mundo está passando por ele. Muitas pessoas estão abandonando o planeta porque não querem passar por esse processo nesta vida. Pode-se escolher vivê-lo em qualquer vida, em qualquer realidade paralela. Não pensem, portanto, que estamos "perdendo" as pessoas. Elas simplesmente não estão preparadas para realizar isso *nesta* encarnação.

O Primeiro Nível do Corpo de Luz

Vocês foram, portanto, ativados para o primeiro nível do Corpo de Luz. Quando isso ocorreu — para a maioria das pessoas — foi como se uma lâmpada incandescente tivesse se acendido no DNA: "É hora de voltar para casa." É assim que o corpo sente: "Hora de voltar para casa." Há uma sentimento de alegria que provém do corpo e que é simplesmente maravilhoso. No mesmo instante, o corpo disse: "Hora de perder a densidade" e, então, a grande maioria das pessoas foi acometida de "gripe". Muito do que está ocorrendo e que as pessoas chamam de "gripe", nós chamamos de "sintomas da mutação". Enquanto o corpo está perdendo a densidade, ele está propício a ter dores de cabeça, vômito, diarréia, acne, erupção da pele; e quaisquer sintomas semelhantes ao da gripe são muito comuns, como dores musculares e nas articulações. E talvez você se lembre de que, em março de 1988, houve uma epidemia de "gripe": foi uma epidemia de Luz!

A ciência genética considera atualmente que 99% do DNA é "lixo", pois "eles não sabem o que significa". De fato, o DNA humano contém parte do material genético de cada espécie existente na Terra, além do material genético codificado holograficamente com a experiência coletiva de toda a humanidade e com as experiências da rede holográfica de encarnações, bem como partes do código genético das espécies sensíveis de 383 planetas em ascensão, de cinco universos locais! O DNA contém também códigos latentes para a transformação do corpo físico em Corpo de Luz.

Apenas cerca de 7% dos códigos genéticos estavam ativos antes de março de 1988. Então, no primeiro nível do Corpo de Luz, o Espírito ativou uma série desses códigos latentes pela infusão de uma seqüência de sons e cores. Esses códigos recentemente ativados deram sinal ao corpo para que ele iniciasse o processo de mudança no DNA e realizasse uma profunda alteração no modo como as células metabolizam energia.

Mensuramos os níveis do Corpo de Luz pela capacidade que as células têm de metabolizar Luz. O indicador dessa nova atividade celular é a quantidade de trifosfato de adenosina presente nas células. Antes da ativação para o Corpo de Luz, a energia para o funcionamento da célula provinha de uma produção de energia e de um sistema de armazenamento que transmuta energia de difosfato de adenosina para trifosfato de adenosina e vice-versa. O trifosfato de adenosina é um complexo de energia armazenada encontrado nas células. No interior das mitocôndrias, o alimento é convertido em energia para as células, que é então acumulada no trifosfato de adenosina. O trifosfato de adenosina tem uma cadeia de três grupos de fosfato, que se projeta da molécula. Quando uma molécula de trifosfato de adenosina perde seu grupo de fosfato mais afastado, ela se torna uma molécula de difosfato de adenosina. A ruptura da adesão química libera energia para a célula realizar suas funções, entre elas a de criar proteínas. O difosfato de adenosina pode voltar a se tornar trifosfato de adenosina pela assimilação de alguma energia e de um grupo fosfórico. O trifosfato de adenosina e o difosfato de adenosina perdem e ganham grupos fosfóricos para liberar e armazenar energia para o funcionamento celular. Esse é um sistema fechado de energia biológica que assegura o envelhecimento e a morte. Nenhuma energia nova é obtida.

Quando foi ativada a mudança para o Corpo de Luz, uma série de códigos de DNA latentes foi ativada e começou a dar novas instruções para as células. Uma das primeiras foi comunicar às células que reconhecessem a Luz como uma nova fonte de energia. No início, a consciência celular não sabia o que fazer com essa informação. À medida que as células foram inundadas de Luz, as mitocôndrias (que são extremamente sensíveis à Luz) começaram a absorver totalmente essa nova ativação de sons e cores e a produzir grandes quantidades de trifosfato de adenosina em forma de pequenas explosões. As células ainda não tinham absorvido Luz suficiente para estabilizar a adesão fosfórica, de maneira que o trifosfato de adenosina resultou muito rapidamente em difosfato de adenosina e o metabolismo celular foi acelerado. Toxinas acumuladas, antigos traumas, emoções e pensamentos reprimidos começaram a jorrar do corpo físico, causando sintomas semelhantes aos da gripe.

Em sua forma antiga, o cérebro é dividido em hemisférios direito e esquerdo, de acordo com suas funções. As glândulas pineal e pituitária estão atrofiadas — mais próximas do tamanho de uma ervilha do que de uma noz. Com a ativação, a química do cérebro começa a se alterar e a produzir novas sinapses.

O Segundo Nível do Corpo de Luz

No segundo nível, o plano etérico de seis dimensões começa a ser inundado de Luz e começa a dissipar as estruturas de quatro dimensões que prendem a pessoa às experiências kármicas ao longo de todas as vidas. Em conseqüência disso, vocês podem começar a se sentir um pouco desorientados, além de ser acometidos de mais ataques de "gripe".

É bem provável que vocês fiquem de cama se perguntando: "Por que estou aqui?", "Quem sou eu?", e podem ter uma vaga idéia de que existe algo chamado "Espírito" na vida de vocês. Vamos agora definir um outro termo. Quando usamos o termo "alma", estamos nos referindo à parte diferenciada do Espírito que vive através do corpo físico. Quando dizemos "Espírito", estamos nos referindo àquela parte de vocês que é indiferenciada e totalmente ligada à Fonte.

Portanto, no segundo nível do Corpo de Luz, são dissipadas as estruturas de quarta dimensão que começam a mudar a rotação das formas geométricas dos corpos emocional, mental e espiritual. Vocês começam a mudar muito rapidamente. Grande parte do que vocês sentem é puramente físico. E podem se sentir extremamente cansados.

O Terceiro Nível do Corpo de Luz

No terceiro nível do Corpo de Luz, as sensações físicas tornam-se extremamente fortes. O cheiro dos restos colocados na lata de lixo pode, por exemplo, levá-los às raias da loucura — mesmo se vocês estiverem num andar acima. Tudo pode parecer incrivelmente tátil. A cadeira na qual vocês estão sentados ou as roupas que estão usando podem incomodá-los terrivelmente, pois vocês estão extremamente sensíveis. Muitas pessoas redescobrem o prazer sexual no terceiro nível do Corpo de Luz. É por essa razão que aumentou o número de nascimentos desde abril de 1989, quando o planeta e sua população foram ativados para o terceiro nível.

Tudo o que está acontecendo está muito concentrado no corpo físico. Ele está começando a se expandir para o que nós chamamos de "sistema biotransdutor". O corpo físico foi feito para decodificar e lidar com energias de Luz Superior, bem como para transmitir essas energias para o planeta. Como parte do jogo da separação, essas funções atrofiaram-se. A intensificação das sensações físicas é o primeiro sinal do despertar do corpo para seu caráter de "biotransdutor".

Jatos de Luz indiferenciada são emitidos pela Mente Suprema nas linhas axiotonais de quinta dimensão. A partir das interfaces dos pontos giratórios axiotonais na superfície da pele, começa a formar-se o sistema circulatório axial de quinta dimensão. O sistema axial expande-se, então, até os pontos giratórios e os ativa em cada célula do corpo físico.

Enquanto no primeiro e no segundo nível do Corpo de Luz, o corpo físico era inundado de Luz, agora — no terceiro nível — cada célula é focalizada pela Luz através do sistema axial.

As mitocôndrias reconhecem essa Luz como uma espécie de "alimento" e produzem mais trifosfato de adenosina. Como a Luz que é recebida pela célula é uma energia utilizável, uma quantidade menor de trifosfato de adenosina transforma-se em difosfato de adenosina. Quando o sistema axial passa a energia da Mente Suprema para os pontos giratórios nas células, estes produzem freqüências de Som e Luz que alteram a rotação atômica das moléculas das células, especialmente nos átomos de hidrogênio. À medida que aumenta a rotação atômica na molécula de trifosfato de adenosina, tem início um outro tipo de atividade. Os três grupos de fosfato que formam a base da molécula de trifosfato de adenosina começam a funcionar como uma antena para captar a Luz indiferenciada; e a extremidade simétrica da molécula funciona como um prisma, fragmentando a Luz em espectros de cores sutis, usados pelos códigos de DNA inativos.

Antes da ativação do Corpo de Luz, o ácido ribonucléico transmitia mensagens num único sentido. Ele levava as instruções dos 7% ativos do DNA às outras partes da célula, como, por exemplo, a ordem para sintetizar determinadas proteínas. No terceiro nível do Corpo de Luz, o ácido ribonucléico transmite mensagens nos dois sentidos! Ele passou a retransmitir aos códigos de DNA a Luz, fragmentada em freqüências de cores pelo prisma/antena do trifosfato de adenosina, de volta para os códigos DNA. Os códigos genéticos inativos são ativados gradualmente em cada nível do Corpo de Luz e passam suas informações para o ácido ribonucléico, que as retransmite para as demais células.

Isso é muito parecido com a tecnologia a *laser* do novo CD desenvolvida na Terra. Uma enorme quantidade de informações pode ser armazenada em um único disco. Imagine que uma imensa quantidade de informações pode ser armazenada em um espectro de cor vermelha e enormes quantidades de dados podem ser armazenados em um espectro de cor azul. Um raio *laser* vermelho atravessa o disco, possibilitando a leitura de todas as informações vermelhas, embora vocês ainda não saibam o que está armazenado no espectro azul. Passando um raio *laser* azul sobre o CD, todas essas informações tornam-se disponíveis. As freqüências de Luz/Cor "lêem" o DNA de maneira muito semelhante. Antes de o espectro de cores ser transmitido, vocês não têm nenhuma idéia do que ele contém. Cada nível do Corpo de Luz tem seu próprio código de cor e som. Dessa maneira, o Espírito realiza a mudança gradual do corpo físico.

A transmissão de informações num só sentido — do DNA para o ácido ribonucléico — e o ciclo de energia trifosfato de adenosina-difosfato de adenosina eram sistemas fechados, que asseguravam a entropia. Nada podia mudar, senão decompondo-se. Com a ativação do Corpo de Luz, novos sistemas, totalmente abertos podem desenvolver-se, tornando acessíveis para o corpo quantidades infinitas de informação e de energia. O diálogo entre o corpo físico e o Espírito foi iniciado.

Nos dois primeiros níveis do Corpo de Luz, pode-se ainda reverter todo o processo, pois o trifosfato de adenosina e o ácido ribonucléico ainda não passaram a funcionar dessa maneira nova. No terceiro nível do Corpo de Luz, está ocorrendo uma mudança contínua que vocês não podem deter. É por isso que a ativação das populações indígenas deste planeta e do próprio planeta ocorreu no terceiro nível do Corpo de Luz, pois assim o processo simplesmente não poderia ser alterado.

Essa ativação no terceiro nível do Corpo de Luz também estabeleceu uma correlação entre este planeta e os outros que estão ascendendo do plano físico, de modo que estivessem todos sincronizados. Não é apenas este planeta que está ascendendo: toda a dimensão está ascendendo! E também todo o plano astral. Quando essa ascensão estiver concluída, não existirão mais os planos físico e astral. Todo esse processo constitui algo a que denominamos "inspiração" da Fonte.

De acordo com o nosso modelo, a Fonte (o Ponto Um, Tudo Que Existe ou Deus) manifesta-se em forma de *inspirações e expirações* de criatividade — expirações muito lentas e inspirações muito rápidas. Um Obreiro da Luz certa vez nos perguntou por que leva bilhões de anos para que esse jogo chegue a esse nível de separação se depois o revertemos em apenas vinte anos. Imaginem que vocês são o Uno e, como tal, vocês decidem investigar as inúmeras facetas do que vocês são através dos níveis de individualização progressiva. É como estender um elástico. À medida que vocês desenvolvem uma individualização cada vez maior, o elástico torna-se cada vez mais rijo. Até chegar um ponto em que ele não pode mais ser estendido. Vocês afastaram-se o máximo possível do Ponto Um e a tensão é enorme. Nesse momento, vocês voltam atrás e soltam o elástico — que representa a separatividade. O que acontece? Vocês voltam ao Ponto Um muito rapidamente.

Neste planeta, o jogo da separação chegou a um ponto em que se tornou impossível qualquer relacionamento entre as pessoas. Todos os relacionamentos kármicos pelos quais vocês podiam passar já ocorreram e, com isso, vocês iniciam a fase de "inspiração". O jogo acabou. É hora de voltar para casa.

O que denominamos "Obreiros da Luz" são membros de equipes de transição que estão neste planeta para auxiliar nesse processo de Luz. É para isso que vocês estão aqui. Algumas pessoas estiveram neste planeta durante todo o ciclo. Outras auxiliaram na montagem desse jogo específico e decidiram ficar aqui para ver como ele funcionaria. Se considerassem esse processo do ponto de vista do tempo linear, vocês veriam que estão tanto no tempo linear quanto nos tempos paralelos, sendo ativados, tornando-se Luz. Um planeta não ascende em um determinando instante — ele ascende desde o momento de sua criação. E é por isso que muitos de vocês tiveram tantas vidas aqui. Outros estão vindo auxiliar agora, o que também é muito bom.

O Quarto Nível do Corpo de Luz

Quando vocês passam para o quarto nível do Corpo de Luz, começam a entrar naquilo que chamamos de estágios mentais. Isso causa uma enorme mudança na química e no eletromagnetismo do cérebro. Nessa altura, se vocês tiverem cristais reguladores no corpo etérico, eles poderão se tornar extremamente incômodos. Vocês poderão começar a ter dores de cabeça constantes, ataques, dores no peito, vista obscurecida ou deficiência auditiva.

Esses cristais impedem que as linhas de Luz estabeleçam conexões no padrão de quinta dimensão, assim como a eletricidade. Dor no peito é algo que vocês podem sentir durante todo o processo para o Corpo de Luz, pois o coração começa a se abrir para níveis cada vez mais profundos. Todo o aparelho visual e auditivo começa a se alterar em conseqüência da expansão do cérebro. Tem início uma atividade totalmente diferente no quarto nível do Corpo de Luz. O cérebro começa a estimular ambos os hemisférios ao mesmo tempo e, se houver algo impedindo-o de fazer isso, podem surgir complicações. A maioria das pessoas começa a sentir como se uma corrente elétrica atravessasse a cabeça. É possível que vocês sintam uma energia elétrica literalmente percorrer o crânio ou a coluna.

Vocês podem ter a primeira experiência do que é o pensamento não-linear, que pode ser agradável ou aterrorizante. Vocês começam a passar por uma mudança no nível mental. O corpo mental começa a dizer a si mesmo: "Deus meu, parece que perdi o controle."

É comum no quarto nível do Corpo de Luz aparecer alguém na vida de vocês dizendo, "O mais importante é seguir o Espírito sem hesitar", ou algo semelhante. De repente, o corpo mental é assaltado pela idéia: "Meu Deus, talvez haja alguém controlando isso tudo, porque com certeza eu não estou!" E começa a mudar a percepção que vocês têm de si mesmo, passando a não ter mais tanta certeza sobre o que é ou não real. O Espírito começa a mostrar imagens muito mais amplas e abrangentes da realidade ou dos padrões dos corpos energéticos.

No quarto nível, tem-se uma vaga idéia de que existe um Espírito. Subitamente, recebe-se impulsos de partes desconhecidas e a pessoa começa a achar que talvez convenha seguir esses impulsos. O corpo mental grita: "Espere um pouco. O que significa isso?" Ele começa a querer deter o controle sobre o mundo e fica muito agitado, pois começa a perceber que tudo está mudando. Tudo que ele definiu como real está começando a mudar.

A pessoa começa a ter surtos de telepatia ou clarividência. É simplesmente como se neste momento todo mundo estivesse sentindo certa empatia. E, de novo, o corpo mental tenta assumir o controle, porque percebe que o corpo emocional está se abrindo e, obviamente, a seu ver, isso é perigoso e pode pôr a vida de vocês em risco. Por isso, os instantes de empatia podem ser extremamente incômodos para as pessoas, embora, ao mesmo tempo, possam ser muito estimulantes, pois proporcionam uma ligação muito maior com todas as coisas, uma sensação do tipo: "Estou ligado às coisas daqui. Algumas pessoas talvez eu já conheça de outro lugar. Conheço você de algum lugar. Você parece tão familiar." E vocês começam a desconfiar de que talvez haja um propósito para estarem aqui.

O Quinto Nível do Corpo de Luz

No quinto nível do Corpo de Luz, o corpo mental geralmente diz: "Quem sabe eu tente seguir o Espírito. Não sei se vou conseguir, mas talvez eu tente", e ele então começa a procurar pistas.

A pessoa muitas vezes começa a ter visões de si mesma fazendo outras coisas. Muitas vezes, seus sonhos começam a mudar. Ela começa a se lembrar um pouco mais de seus sonhos. Algumas pessoas começam a ter sonhos lúcidos no quinto nível.

Em certos momentos, a pessoa pode achar que talvez esteja ficando louca, pois pode estar começando a ter pensamentos não-lineares. De repente, em vez de ver as coisas como sempre viu, ela começa a perceber o todo, ou seja, começa a pensar de modo não-linear. E então o corpo mental diz: "Espere um pouco, não posso controlar isso. Conseguiremos sobreviver se fizermos isso?" Ele está, portanto, questionando o que está acontecendo: "Existe um Espírito? Acho que sim. Melhor procurar saber se ele existe, porque senão vamos todos morrer." A pessoa é assaltada pelo medo da morte, que emerge do corpo mental, e este começa a mudar seu comportamento e a abandonar antigos medos.

Existe uma parte de vocês que é exatamente como uma criança exclamando: "Oba, estamos indo para a Luz!" E vocês estão felicíssimos. E também existe o corpo mental, que é exatamente como um velho ranzinza. Vocês poderão perceber claramente essas duas metades de si mesmos: "Muito bem! Terei que tomar uma decisão sobre o que quero fazer."

Vocês começam a tomar consciência de que são muito mais do que julgavam ser. Quando isso ocorre, o corpo mental nega: "Não, isso não é verdade!" e bate com força a porta, para depois voltar a abri-la. E vocês continuam com essa sensação de "abrir" e "fechar" várias vezes. Pode até parecer uma atitude um pouco maníaco-depressiva. O que o Espírito quer é que o corpo mental abandone o controle para que vocês possam se tornar um Espírito corporificado ativo neste planeta, plenamente consciente em todas as dimensões.

No quinto nível do Corpo de Luz, vocês também começam a perceber que muitas idéias acerca de como as coisas são, na verdade, não são de fato suas. Vocês começam a tomar consciência: "Oh, Deus, estou agindo exatamente como meu pai. Ele era exigente e eu também sou. Ei, espere aí, essa energia não é minha." Ou, "Minha filha derramou o leite e eu estou gritando com ela exatamente como minha mãe gritava comigo. Essa energia não é minha. Não quero fazer isso. Não é isso o que quero fazer aqui."

Vocês percebem que têm conceitos acerca da realidade que não são absolutamente seus. E começa o processo mental em que vocês tentam descobrir a própria identidade, diferenciando-se dos outros ao seu redor. Cada um tem, em seu campo energético, o quadro total de "como as coisas são". Ele é diferente do quadro dos pais, dos avós, dos irmãos e dos parceiros. Esse quadro total está sendo continuamente atualizado. Quando vocês tomam consciência de que essas estruturas estão presentes em seus campos energéticos, vocês podem se sentir extremamente cerceados por elas.

Aqui estão vocês — cientes de toda essa mudança ocorrendo no corpo, toda essa coisa maravilhosa e, ao mesmo tempo, sentindo-se como se estivessem numa redoma de vidro — toda essa mudança acontecendo e vocês presos a essas idéias. Então, vocês iniciam um processo de seleção: "Bem, vou aceitar parte disso, nada daquilo, um pouco disso e um pouco daquilo." Começam a tomar cada vez mais consciência da sua própria energia, do que vocês realmente são. Quando têm uma idéia ou opinião sobre alguma coisa, vocês simplesmente se perguntam: "Estou pensando como meu pai ou estou sendo eu mesmo?" Pode ser um pouco assustador olhar-se no espelho e pela primeira vez dizer: "Oh, não! Estou ficando como a minha mãe. Jurei que não seria igual a ela." Mas descobrem que chegaram a um ponto em que as idéias alheias acerca da realidade começam a influenciá-los cada vez menos.

O Sexto Nível do Corpo de Luz

No sexto nível do Corpo de Luz vocês, conscientemente, libertam-se dessas idéias acerca da realidade. Nessa altura, o Espírito costuma colocá-los em contato com pessoas que estão em meio ao processo do Corpo de Luz. Pode ser que o Espírito faça cair livros das prateleiras nas mãos de vocês. Vocês já tiveram alguma vez essa experiência de ver livros caírem sobre vocês numa livraria? Vocês podem passar por isso a qualquer momento. É uma das formas preferidas que o Espírito usa para dizer "Leia isto". Vocês começam a receber outras informações, outras idéias sobre a realidade. Começam a ter um entendimento maior de sua própria realidade e de como vocês a influenciam.

Muitas vezes, no quinto e no sexto níveis, vocês têm a sensação de que as coisas não são sólidas. Enquanto meditam, talvez vocês olhem para a mão e tenham a impressão de que ela não é sólida, ou tenham uma daquelas estranhas experiências em que colocam a mão contra a parede e sentem que ela cede. Assim, vocês podem estar passando por momentos de multidimensionalidade, de pensamento não-linear e sentindo como se nada fosse real. Isso pode ser um verdadeiro choque para aquele tipo de pessoa que gosta de compartimentar tudo, de repente, ela vê a totalidade de uma só vez. Então, ela terá que retroceder e procurar entender como conseguiu fazer isso. Algumas pessoas passam por essa experiência repetidas vezes. O corpo mental começa a mudar profundamente sua forma de perceber as coisas.

Um grande número de pessoas abandona o planeta no sexto nível do Corpo de Luz, pois ele passa a ser extremamente desagradável para a maioria delas. "Será que eu quero estar aqui? Olhar para tudo isso? Desejo realmente participar desse processo?" Muitas pessoas optam por retirar-se. Tudo bem. Elas viverão esse processo em outra vida. Elas não têm que vivê-lo em todas as vidas. Em geral, se ajudamos alguém a superar o quinto e o sexto nível, a pessoa passa a ter força para enfrentar os maiores desafios. Se ela escolhe não deixar o planeta nesse ponto, ela normalmente participa de todo o processo.

Seja gentil com seus semelhantes. Essa é uma etapa muito difícil, pois nela todo o senso de identidade é reestruturado. Quando vocês encontrarem pessoas na rua e elas lhe perguntarem: "O que está acontecendo com você? Você parece estar ótimo." Informe-as de que o planeta está ascendendo para a Luz, de que estamos em processo de ascensão. "Se você quiser saber mais sobre isso, eis aqui alguns bons livros para ler, ou algumas pessoas que você pode procurar. Se tiver necessidade de falar sobre isso, aqui está o número de meu telefone." Ajude as pessoas a seu redor.

No sexto nível do Corpo de Luz, é comum a pessoa passar por uma reavaliação que é extremamente penosa. "Quero ficar aqui? Quero viver? Quero participar disso tudo?" E essa fase pode ser muito dura. A pessoa odeia seu trabalho, sua vida, odeia tudo e todos ao mesmo tempo.

No sexto nível, vocês percebem que muitas pessoas começam a sair da vida de vocês. É um período em que existe a probabilidade de vocês mudarem de emprego, casar-se, separar-se, mudar seu círculo de amizades, pois ocorre uma mudança radical no seu propósito de vida e vocês têm a sensação de que estão perdendo o medo de mudar. Se vocês resistirem às mudanças, o sexto nível pode prolongar-se por até um ano e ser extremamente difícil. Mas a maioria das pessoas aprende com bastante rapidez a relaxar e a deixar que a vida flua livremente.

Outras pessoas, que estão mais em sintonia com o propósito de vida de vocês, começam a fazer parte da sua vida. Essas pessoas trabalharão com vocês em grupos. O afastamento das pessoas com as quais vocês conviviam por motivos kármicos ou por obrigação, pode ser um pouco assustador. Mas se vocês respirarem profundamente e disserem: "Desejo a você tudo de bom e que seja feliz. Nos veremos da próxima vez", descobrirão que logo começarão a aparecer na vida de vocês as pessoas com as quais vocês vieram de fato se encontrar neste mundo. Isso compensa todo o trabalho, e a vida começa a ficar divertida.

Normalmente, entre o sexto e o sétimo nível do Corpo de Luz, vocês passam pelo que chamamos de descida do Espírito. Isso quer dizer que a maior parte do que vocês são nas dimensões superiores passa a habitar o corpo físico. Isso muda tudo radicalmente.

Vocês sentem como se tivessem atravessado um túnel. Vocês vieram de uma situação em que diziam: "Talvez exista um Espírito e talvez eu tente segui-lo" para a seguinte: "Sei, em cada célula do meu ser, que sou o Espírito em ação neste planeta." E vocês dão início ao que chamamos de transição emocional para aprender a ser a amplidão do Espírito. Cerca de um terço da estrutura do Corpo de Luz encontra-se nesse momento iluminado no corpo etérico. Vocês podem se sentir muitas vezes como se fossem uma luz radiante, experiência extremamente emocionante. A maior parte do tempo, durante o sétimo nível do Corpo de Luz, os olhos das pessoas mudam. Vê-se um nível mais profundo de Luz irradiando dos olhos delas.

Vocês e as pessoas que fazem parte da sua vida começam a se relacionar de modo não-linear e passam a ter lampejos de telepatia. Começam a ter instantes de comunicação em níveis em que se comunicam o tempo todo, mas de que não têm consciência. Vocês sempre tiveram o dom da telepatia e da clarividência. Sempre foram multidimensionais. Mas o corpo mental e o cérebro mantiveram esses dons afastados da vida de vocês. Agora, as barreiras estão caindo e vocês começam a tomar contato com o que sempre existiu. As coisas começam a parecer normais. Chega um ponto em que não existe mais a reação de surpresa e de descoberta, não é mais como o acender da lâmpada, mas simplesmente: "Estou aqui. Eu sou/existo. Estou inteiramente aqui e agora." Vocês se tornam a dança prazerosa que dançam com o Espírito.

Parece que o planeta inteiro e sua população estão passando por uma completa reavaliação. A polarização das energias está ocorrendo em níveis cada vez mais altos. É quase como se o volume de energia estivesse sendo aumentado. A polarização planetária está ficando cada vez maior. E vocês perceberão que aqueles que estão começando a viver o Paraíso na Terra moram ao lado daqueles que estão vivendo o Inferno na Terra.

Gostaríamos de lembrar-lhes que todos os seres são Mestres divinos multidimensionais.

Gostaríamos que vocês aprendessem a ter compaixão, o que não tem nada a ver com co-dependência do tipo: "Deixe que eu tome conta de você!" Compaixão é a disposição de fazer o que for preciso para ajudar alguém a dar seu próximo passo. Isso, às vezes, exige passar uma rasteira em alguém; outras vezes, significa um chamado de despertar ou um empurrão; e com muita freqüência, envolve amar a pessoa em sua totalidade, tanto suas partes já despertas como as que permanecem adormecidas. Lembrem-se de que o primeiro estágio da Missão foi adormecer. Respeitem aqueles que dormiram bem. Muitos Obreiros da Luz têm medo do que continua adormecido em si mesmos. Comecem a desarmar essa peça específica do padrão de hostilidade. Naturalmente, vocês passarão a querer servir ao Espírito e à vida e se alegrarão com isso. Mas entendam como esse período foi e é difícil para muitas pessoas. Examinem o nível de reavaliação em que elas estão e entenderão por que dizemos que esse período é o que determina se uma pessoa concluirá ou não esse processo. Esse é o ponto em que muitas pessoas têm que decidir se desistem ou seguem em frente.

O Sétimo Nível do Corpo de Luz

No sétimo nível do Corpo de Luz, vocês começam a entrar nos estágios emocionais do Corpo de Luz; a tornar-se cada vez mais receptivos ao chakra do coração. À medida que vocês se abrem para o coração, surge um sentimento de ligação com o planeta: a sensação de se estar apaixonado por ele. Algo do tipo: "Se eu não abraçar esta árvore, vou ter um troço!" Um espírito brincalhão começa a surgir no sétimo nível do Corpo de Luz e o comportamento reflete um pouco mais da criança que existe em vocês.

Nessa altura, se vocês tiverem bloqueios no corpo emocional, eles começarão a aparecer porque, quando vocês começam a expressar a divindade e a amplitude que lhes são peculiares, os bloqueios começam a se dissolver. Parte desse processo é divertido e parte não é. Depende de quanto controle o corpo mental quer manter. Se o corpo mental estiver em sincronia, a dissolução desses bloqueios ocorre naturalmente de maneira rápida e fácil.

É possível que vocês fiquem muito mais emotivos enquanto passam por esse nível e que emocionalmente se sintam como se fossem crianças: quando estão tristes, choram; quando estão com raiva, gritam; e quando estão contentes, riem. Expressam o êxtase ou qualquer outra emoção pela qual estejam passando por meio do corpo emocional. Começam a estar PRESENTES como nunca estiveram. Vocês sabem que, no jogo kármico, o corpo mental vive no futuro, ele está sempre no "o que aconteceria se". O corpo emocional vive no passado, reagindo de acordo com as experiências anteriores. Portanto, vocês raramente sentem o que está ocorrendo no momento. No sétimo nível do Corpo de Luz, vocês começam a sentir o AGORA. Uma sincronização maior entre os diferentes planos permite que vocês tenham períodos mais longos de plena experiência do presente — e a sensação que isso proporciona é muito boa.

Quando o corpo emocional liberta-se de todo o condicionamento antigo, torna-se inevitável que muitos relacionamentos cheguem ao fim. Com o corpo emocional liberto de todas as antigas idéias acerca da realidade e de todos os apegos emocionais do corpo mental, os relacionamentos começam a mudar muito rapidamente. No sétimo, no oitavo e no nono nível do Corpo de Luz, as relações pessoais se transformam naquilo que chamamos de "transpessoais". Isso quer dizer que elas não se fundamentam mais no apego emocional; baseiam-se, isto sim, na intuição que lhes diz se o Espírito está ou não guiando vocês para aquela pessoa naquele determinado momento. É um modo muito diferente de se relacionar.

Quando a pessoa se encontra no nono nível do Corpo de Luz, ela atua normalmente dessa forma a maior parte do tempo. Ela pode, às vezes, parecer "fria" para os outros, por não usar armadilhas e chantagens emocionais. Atitudes do tipo "Não vou chantageá-lo" e "Não vou cair na sua armadilha" podem deixar as outras pessoas extremamente irritadas. Isso faz parte do processo para o Corpo de Luz; da etapa em que a pessoa passa dos relacionamentos kármicos para os não-kármicos, ou seja, para os relacionamentos orientados pelo Espírito.

No sétimo nível do Corpo de Luz, o chakra do coração passa a funcionar de uma forma muito mais ampla do que estava acostumado. Muitas pessoas sentem dores no peito que, provavelmente, não significam uma angina. A sensação não é a mesma do ataque cardíaco, porque provém do centro do corpo e irradia-se para fora. É a porta do chakra do coração abrindo-se. Se a pessoa está em estado de meditação e quer passar para outras dimensões, ela pode entrar diretamente no seu próprio chakra do coração.

Neste planeta, o chakra do coração tem uma membrana que o envolve e que chamamos de Portal do Éden. Todos vocês conhecem aquela lenda maravilhosa em que Adão e Eva são expulsos pelo Portal do Éden e um anjo com uma espada flamejante os impede de retornar. É a membrana do chakra do coração que bloqueia a passagem para as múltiplas dimensões. Sua finalidade é manter essa passagem fechada. Nada do que ocorre no plano físico pode passar para o plano astral, para que não afete nenhum outro plano além dele mesmo. Em parte, o modo de impedir que isso aconteça é fechando parte do chakra do coração e, conseqüentemente, impedindo-o de ter experiências multidimensionais. Essa membrana é aberta agora em todos os habitantes deste planeta. O chakra do coração tem seu funcionamento alterado e começa a abrir-se para níveis cada vez mais profundos. É possível entrar em qualquer dimensão através do chakra do coração: tudo está dentro de vocês. O chakra do coração começa a funcionar de outra forma e passa a predominar sobre os outros chakras.

A maioria dos chakras tem atualmente a forma de um cone estreitado no centro e apresentam um movimento giratório. Mas isso também está mudando. Primeiro, eles passam a assumir a forma esférica e a irradiar-se em todas as direções ao mesmo tempo. Depois, quando o chakra do coração se torna o chakra predominante, ele começará a abrir-se por inteiro, fazendo com que o sistema de chakras funda-se naquilo que chamamos de chakra unificado. Trata-se de um campo energético unificado. A sensação é maravilhosa. Ao realizarem a meditação do Chakra Unificado, vocês estimulam o processo do Corpo de Luz.

Quando estimulam a fusão dos chakras vocês também estimulam os corpos energéticos — emocional, mental e espiritual — a fundirem-se num único campo energético. No sétimo nível do Corpo de Luz, os chakras são levados a se fundir de uma forma totalmente nova. E vocês começam a perceber que, nas ocasiões em que o medo da morte reaparecer, se as emoções estiverem bloqueadas, isso significa que esses campos se desuniram. Isso é uma ilusão, embora a experiência pareça real. Tudo o que vocês precisam fazer é reunir os corpos, tornando a fundi-los, para que os medos desapareçam.

A unificação dos chakras é muito importante para que vocês cheguem ao Corpo de Luz, uma vez que ela permite que vocês lidem com qualquer quantidade de energia (por maior que seja) através do corpo físico, sem causar qualquer dano: o campo inteiro a suporta. Haverá momentos em que, se o movimento dos chakras não estiver sincronizado, ao entrarem em contato com uma parte maior de si mesmos, vocês sentirão como se tivessem enfiado o dedo numa tomada. É como se a corrente fosse apenas de 20 volts enquanto vocês tivessem 400 percorrendo o próprio corpo. Quando vocês fazem uso da energia unificada dos chakras, isso não acontece mais, pois conseguem lidar com ela em todos os níveis.

As glândulas pineal e pituitária começam a abrir-se no sétimo nível do Corpo de Luz e vocês podem sentir uma pressão na testa ou na parte de trás da cabeça.

Quando a glândula pituitária está funcionando no seu nível máximo, a pessoa não envelhece nem morre. Portanto, é muito comum que as pessoas no sétimo nível do Corpo de Luz comecem a parecer realmente mais jovens. A energia delas transforma seus rostos e as rugas desaparecem. A glândula pineal atua multidimensionalmente. Uma das experiências relatadas é a sensação de uma picada gelada, de uma dor aguda no topo da cabeça. Muitos de vocês com certeza já ouviram falar da terceira visão. Pois bem, há também algo chamado de quarta visão, bem no topo da cabeça; trata-se da visão multidimensional. Está situada na chamada moleira, aquele ponto que nunca endurece na maioria das pessoas. Em algumas pessoas, essa visão abre-se facilmente; trata-se simplesmente da visão multidimensional que se abre no seu devido tempo. Em outras pessoas, é como se ela tentasse se abrir, mas batesse contra algo. Pode ser um obstáculo situado no corpo etérico. Quando esse obstáculo é removido, vocês sentem que a visão se abre.

A pessoa começa, portanto, a ter essas estranhas sensações. Pode começar a tomar consciência de si mesma em outras dimensões ou em outros corpos no planeta, o que é muito interessante. Chamamos a isso de concomitância. A grande maioria das pessoas tem doze contrapartidas de si mesmas em outros corpos nesta realidade paralela, neste momento e neste planeta, vivendo vidas totalmente diferentes da que elas podem estar vivendo. Elas podem tornar-se um pouco mais conscientes de si mesmas em outros corpos. Quando isso começa a ocorrer as pessoas acham que estão se lembrando de vidas passadas, o que também é possível. Mas com mais freqüência, as pessoas estão conscientes de si mesmas na realidade paralela. Muitas pessoas encarnam em corpos de golfinhos e de baleias. Conseqüentemente, vocês podem ter, por alguns momentos, a sensação de estar na água ou de sentir uma fluidez através e em volta do corpo, experiências que lhes são incomuns na forma humana. É claro que os golfinhos e as baleias constituem outras espécies sensíveis deste planeta. Eles também são Obreiros da Luz, que estabelecem as redes mentais grupais deste planeta.

No sétimo nível do Corpo de Luz, a consciência da maioria dos seres opera em grande parte de forma quadridimensional: "Não apenas vou ascender amanhã, como vou curar este planeta. Vou sozinho salvar este planeta e os pobres coitados que vivem nele. Vou fazer isso. E vou arrastá-los todos para a Luz. Vou protegê-los de si mesmos e libertá-los de seus karmas. E vou resgatá-los das forças das trevas." Os seres no sétimo nível do Corpo de Luz costumam identificar-se como agentes de cura ou pessoas que se propõem a despertar ou salvar a si mesmos, os outros ou o planeta. Na verdade, eles estão cumprindo suas mônadas kármicas. Demora um certo tempo até compreenderem que muitas partes de vocês continuam vivendo na dualidade. Vocês podem estar querendo que o planeta ou as pessoas fiquem doentes para que vocês possam curá-los, que se percam para que possam salvá-los, ou adormeçam para que possam despertá-los. Enfim, vocês podem estar querendo que as pessoas não estejam perfeitamente bem.

No sétimo nível, desenvolve-se o conhecimento de que todos os seres são mestres multidimensionais. Podem ser mestres que estão desenvolvendo a sua divindade ou mestres que estão se empenhando em vencer suas limitações, mas são assim mesmo mestres. Cada um está fazendo exatamente o que quer e dando o melhor de si. Se a pessoa passou a vida protegendo e tomando conta de todo mundo a seu redor, essa é uma revelação profundamente libertadora. A partir daí começa a achar muito bom simplesmente deixar que os outros vivam seus próprios processos.

Esse é um momento em que a maioria das pessoas é acometida por uma boa dose daquilo que é chamado de arrogância espiritual e de ambição espiritual. No corpo físico, imagens da realidade em que elas são totalmente separadas de Deus são mantidas em camadas profundas de vergonha ou culpa. Quando as pessoas começam a ter acesso ao seu lado multidimensional e ainda não integraram o corpo físico, elas procuram negar as idéias que têm da realidade.

As pessoas muitas vezes adotam fórmulas e regras espirituais. Procuram dizer, vestir e fazer tudo o que é "certo" espiritualmente, comer os alimentos "certos" e suprimir ou negar qualquer parte delas mesmas ou dos outros que não corresponde ao ideal. O corpo mental está acostumado a seguir fórmulas e regras, e procura arduamente encontrar uma forma de seguir o Espírito.

A arrogância espiritual é um mecanismo de defesa do corpo mental contra os sentimentos de vergonha e desvalor guardados no corpo físico. "Sou espiritualmente desenvolvido (e você não). Sou um dos 144.000 guerreiros do arco-íris (e você não). Vou passar por um ritual de iniciação no próximo sábado (e você não). Vou para o céu (e você não)." A arrogância espiritual é, por natureza, exclusivista.

A ambição espiritual é uma defesa do corpo mental contra os sentimentos de culpa e de incompetência mantidos no corpo físico. As pessoas acometidas de ambição espiritual vivem manipulando os outros para conseguir o que querem. Tudo tem que ser "o melhor", "o mais elevado" e "o mais avançado". Muitas vezes, uma diferença de opinião ou o comentário de que elas não conhecem determinada coisa são tomados como um ataque ao seu vasto conhecimento. A ambição espiritual é caracterizada por uma insatisfação lamuriosa e pelo hábito de atribuir culpa aos outros: "Tive uma idéia maravilhosa e se você concordasse em me ajudar, eu poderia realizar meu Propósito Divino. É por sua culpa que não estou vivendo o Paraíso na Terra." "Suas idéias de pobreza estão interrompendo o nosso fluxo de prosperidade. É por sua culpa que estou sem dinheiro." "Por que você criou isso na sua vida? (Por favor, negue o que está acontecendo com você para que eu possa me sentir bem. Se você fosse mais desenvolvido espiritualmente, isso não teria acontecido. Portanto, a culpa é só sua.)"

A arrogância espiritual e a ambição espiritual são fortes defesas do ego. À medida que o Espírito vai revelando quem vocês realmente são, ou seja, mestres divinos multidimensionais, o corpo mental e o emocional procuram apreender essa verdade pessoal tentando defini-la e se apegar a ela. O corpo físico costuma ignorar a revelação feita pelo Espírito ou simplesmente não aceitá-la. Todo mundo lança mão dessas defesas em algum momento do sétimo, do oitavo e do nono nível.

No sétimo nível do Corpo de Luz, muitas pessoas sucumbem a um padrão de comportamento maníaco-depressivo. Em dado momento declaram, "Sou um ser divino multidimensional!" e, no minuto seguinte, proclamam a própria inutilidade: "Não consigo fazer nada certo!" Elas ficam oscilando entre o sentimento de Unidade multidimensional e o sentimento de separação contido no corpo físico. O paradoxo de ser tão amplo e, ao mesmo tempo, estar num corpo finito, baseado na matéria, é simplesmente incompreensível. Oscilar entre os dois extremos é uma tentativa de resolver o paradoxo. Mas isso não é possível. Procurem sentir os dois pólos simultaneamente. Deixem que ambos estejam inteiramente presentes. No final do sétimo nível do Corpo de Luz, ou pelo menos no nono nível, as pessoas já começam a compreender esse processo e descobrem que podem ser felizes mesmo vivendo um paradoxo.

Vocês começaram seguindo o Espírito. Quando estão no sétimo nível do Corpo de Luz, há uma sensação de estar quase alcançando-o. Vocês estão começando a agir de acordo com o Espírito na vida cotidiana. Vocês percebem que os medos corriqueiros são mais intermitentes. Há dias em que vocês se sentem como crianças, gostam de tudo e tudo vai bem, e outros em que os medos chegam ao ápice. Vocês se sentem como se fossem duas pessoas diferentes. Descobrirão, à medida que avançarem nesses níveis do Corpo de Luz, que a dualidade tende a desaparecer. Descobrem que "vocês" passam cada vez mais tempo em estado de êxtase. E descobrem que é possível viver nesse estado.

Um dos maiores medos do corpo mental durante essa transição é "não ser capaz de viver no plano físico se de fato se tornar um ser multidimensional". Vocês percebem que passam cada vez mais tempo conscientes de si mesmos em outras dimensões e em outros corpos neste planeta. Isso é ótimo. Vocês conseguem viver normalmente mesmo nesse estado; isso requer alguma prática.

Vocês começam a se ativar. Toda a percepção que vocês têm começa a mudar e, durante a prática da meditação, é possível que se vejam em outras dimensões. Talvez se vejam também em outros corpos neste planeta. Pode haver instantes em que se vêem num outro tempo, simultâneo, mergulhados num AGORA que engloba todos os "AGORAS". Essa experiência é muito interessante, pois então vocês tomam consciência das probabilidades e possibilidades de tudo o que fazem, ao mesmo tempo que vêem todas aquelas linhas de força saindo de vocês. Vocês se tornam mais conscientes das relações que mantêm com os outros e também da profundidade da ligação que mantêm com o Espírito em todos os momentos.

Observamos várias vezes que, no sétimo nível do Corpo de Luz, o sentimento que está por trás de tudo é: "Vou passar para um nível mais elevado amanhã; estou fora daqui." Vocês estão entrando em contato com partes de vocês mesmos que já se encontram no Corpo de Luz, partes do futuro "eu" de vocês. E isso faz com que fique mais fácil controlar sua maneira de agir. Rapidamente, vocês avaliam tudo o que fazem na vida e descobrem o que é realmente importante:

"Muito bem, como já estou caindo fora daqui, posso muito bem fazer o que quero. Posso muito bem divertir-me. Posso muito bem fazer aquilo que alegra o meu coração."

Vocês descobrem o que alegra o coração de vocês, o que realmente satisfaz. Quando passam para o oitavo nível do Corpo de Luz, vocês descobrem que tudo o que alegra o coração está diretamente relacionado com o seu Propósito Divino neste planeta, e que vocês são parte do Plano Universal. No oitavo nível do Corpo de Luz, vocês compreendem: "Meu Deus, não vou sair deste planeta assim tão rápido, ficarei aqui por um longo tempo." Vocês passam a ter um sentimento mais profundo do propósito de servir. E querem fazer o que for preciso para ajudar este planeta a ascender para a Luz.

O Oitavo Nível do Corpo de Luz

No oitavo nível do Corpo de Luz, a glândula pituitária e a pineal, normalmente do tamanho de uma ervilha, começam a crescer e a mudar de forma. À medida que elas aumentam, é possível que vocês sintam uma pressão na cabeça. Talvez tenham dores de cabeça freqüentes no decorrer desse processo. Se tiverem dores de cabeça freqüentes e realmente fortes, entendam que a parte de vocês que se encontra nas dimensões superiores e que os está ajudando nessa transição não pode sentir sua dor física. Portanto, a primeira coisa que vocês vão querer dizer é: "Ei, está doendo. Será que dá para fazer parar?" Vocês terão que comunicar à parte de vocês mesmos que se encontra na quinta e na sexta dimensão que está doendo.

A próxima coisa a dizer é: "Por favor, libere endorfinas." As endorfinas são anestésicos naturais produzidos pelo cérebro, e aliviam a dor. Algumas pessoas prefeririam que as dores fossem fracas e se prolongassem por um mês e meio, enquanto outras prefeririam que fossem terríveis, mas acabassem em 24 horas. Descubram o que é melhor para vocês, já que existem momentos nesse processo em que o cérebro aumenta literalmente de tamanho. É possível que o crânio de vocês comece a se expandir. Vimos pessoas cujos crânios mudaram inteiramente de forma, particularmente em conseqüência da abertura e do aumento das glândulas pituitária e pineal. Quando a glândula pineal se expande, tem-se também a sensação de que alguém está pressionando com o dedo o local entre as sobrancelhas. Quando a glândula pituitária está aumentando, pode também ocorrer a sensação de que alguém está puxando a parte de trás da cabeça de vocês.

Quando se passa para o oitavo nível do Corpo de Luz, ocorre uma ativação do que chamamos de cristais granulados. Esses três pequenos cristais recebem códigos de Luz das dimensões superiores. Dois cristais estão localizados acima das sobrancelhas, bem na direção das pupilas, quando a pessoa está olhando para a frente. O terceiro encontra-se na testa, imediatamente abaixo da linha dos cabelos, na direção da ponta do nariz.

Ocorre também uma ativação do cristal receptor da célula que faz registros (situada do lado direito da cabeça, a cerca de quatro centímetros acima da orelha). Nas dimensões superiores, há uma estrutura chamada cristal da célula de registros. Essa célula contém grandes quantidades de informação que a alma acumulou ao longo de muitas encarnações em vários planetas e estrelas. Periodicamente, a célula de registros descarrega parte das informações acerca das experiências no cristal receptor. Quando isso ocorre, muitas pessoas sentem uma sensação de formigamento, de ardência ou de um líquido fluindo na região da cabeça onde está localizado o cristal receptor. De repente, as pessoas tomam posse de todas essas informações, sem conseguir entender de onde vieram.

O oitavo, o nono e o décimo chakras são ativados. De três a cinco padrões cristalinos do oitavo chakra entram em sintonia para que os corpos energéticos passem a se mover em espirais de energia. Vocês começam a entrar em contato com a mente multidimensional e a receber o que chamamos de "códigos de Luz".

As glândulas pituitária e pineal atuam juntas quando estão abertas, causando o que é conhecido como "Arco da Aliança". Trata-se de uma luz em forma de arco-íris que circunda o topo da cabeça, da região em que se localiza a quarta visão até a da terceira visão. Esse é um dos mecanismos de decodificação da linguagem das dimensões superiores.

O funcionamento do cérebro começa a mudar e vocês começam a ter sensações e pensamentos baseados em formas geométricas e sons. Isso pode deixá-los meio confusos, uma vez que normalmente não existe nenhuma tradução para isso. Vocês podem sentir-se impossibilitados de falar sobre isso com as outras pessoas, pois não encontram palavras para expressar o que estão sentindo.

É muito comum entre as pessoas que estão no oitavo nível do Corpo de Luz o medo secreto de estarem com a doença de Alzheimer. Vocês podem ter dificuldade para se lembrar do que comeram no café da manhã ou de planejar o futuro, e isso pode se agravar cada vez mais. Outra ocorrência muito comum é não se conseguir formular uma frase coerente e a sensação de que as outras pessoas, ao se dirigir a vocês, estão falando outra língua. É uma espécie de dislexia auditiva. A grande piada com respeito ao oitavo nível do Corpo de Luz é a seguinte: "Para resgatar os 95% do cérebro que não usavam, por que vocês têm que perder os 5% que já usavam?" Todos os recursos do cérebro aos quais estavam acostumados podem se tornar inacessíveis, à medida que recursos totalmente novos estão sendo criados. Vocês podem captar muitos sons e ver faixas de luz, de cores, de formas e de movimentos na sua tela mental. Podem ver letras luminosas em hebraico, hieróglifos ou fórmulas que parecem equações.

Trata-se de códigos de comunicação do Espírito. Nos estágios iniciais, vocês podem não fazer a mínima idéia do que está sendo transmitido, sabem apenas que *algo* está sendo transmitido. Quando isso ocorrer, devem fazer o exercício de unificação dos chakras e rogar ao Espírito os meios que possibilitam a interpretação. Talvez seja preciso pedir por um bom tempo, mas não devem desistir. À medida que avançam pelo oitavo nível do Corpo de Luz, vocês chegam a um ponto, imediatamente antes da transição para o nono nível, em que a interpretação se torna possível. Tudo o que o Espírito transmitiu nesse período de repente fica claro e pode ser compreendido no nível verbal.

Esse é o momento de "voltar para casa". Essa é a melhor maneira que conseguimos para expressar esse processo. Vocês estão novamente em contato com a mente multidimensional. A multidimensionalidade de vocês torna-se um fato real e inquestionável. Vocês tomam consciência da própria amplitude. Muitas pessoas vacilam enquanto estão nos outros níveis do Corpo de Luz, dizendo: "Deus, espero que isso seja verdade!" É maravilhoso vê-las perceber que esse processo é de fato "real".

Então, vocês percebem que podem estar onde quiserem e fazer o que bem entenderem. Desaparecem os últimos vestígios dos vínculos criados por obrigação. Tudo o que vocês fazem passa a ser guiado pelo Espírito. Vocês não precisam mais de nenhuma outra razão. Começam a agir sem precisar de motivos e explicações especiais. Seguem o Espírito a cada sopro de ar que inspiram e a cada passo que dão. Vocês dizem: "Faço isso porque quero", em vez de, "Faço isso porque é o que se espera de mim, ou porque devo ou porque disseram que é o certo". Começam a se comunicar com as pessoas num nível completamente diferente, que chamamos de "transpessoal". Vocês se relacionam com alguém porque o Espírito os guia até essa pessoa, e verbalizam as palavras inspiradas pelo Espírito.

Nesse estágio, as outras pessoas muitas vezes não sabem como agir com vocês, pois os campos energéticos de vocês mudaram. Todos os "tetraedros" que elas usavam para prendê-los não funcionam mais. As pessoas que queiram se relacionar com vocês para coagi-los, manipulá-los ou depender de vocês logo se afastam, porque não conseguem mais se ligar a vocês. Vocês não atuam mais nesse nível. Há uma serenidade mais profunda que começa a fluir através de vocês e uma alegria maior e mais constante por estarem em contato com o Espírito. Vocês não vagueiam mais de um lado para o outro, mas permanecem no corpo. Manifestam suas múltiplas dimensões através do corpo.

No oitavo nível do Corpo de Luz, vocês também começam a expandir a consciência, não apenas através das dimensões, mas através dos paralelos. Tornam-se capazes de coordenar a energia através das múltiplas realidades. No início, vocês podem ficar meio desorientados, mas com o tempo torna-se extremamente divertido!

Tudo o que vocês dizem ou fazem é inteiramente guiado pelo Espírito. Isso muda totalmente o modo como se relacionam. E com certeza muda o caráter das suas relações interpessoais muito rapidamente, o que pode gerar medos totalmente novos, como "Será que nunca mais vou fazer sexo com alguém?" ou "Será que vou conseguir manter o meu emprego?" Às vezes, a resposta é um sonoro "não".

O oitavo nível é um dos mais transformadores. Muitas pessoas avançam extremamente rápido e sentem como se estivessem ficando loucas. Vocês podem começar a se expressar em versos, totalmente incapazes de falar normalmente, ou falando de trás para a frente. A explicação para isso virá quando vocês se abrirem para as novas linguagens e permitir que elas afetem seus campos energéticos e estruturas celulares. Deixar que elas literalmente penetrem no DNA de vocês. O Espírito, a essa altura, manifesta-se diretamente através de códigos. Isso envolve também uma mudança no sistema nervoso. Todo o sistema nervoso está passando por uma "regulagem" para lidar com os novos níveis de informação. Vocês podem também sentir que a visão está turva e as reverberações nos ouvidos tornam-se tão fortes que vocês têm dificuldade para ouvir. Os nervos dos olhos e dos ouvidos e, na verdade, de todos os seus sentidos, estão sendo obrigados a processar uma quantidade de informações muito maior do que antes. Conseqüentemente, podem surgir ocasionalmente falhas no funcionamento do cérebro. Sejam pacientes com vocês mesmos e também com as pessoas a sua volta. Mantenham o bom humor, pois haverá dias em que tudo isso parecerá muito divertido. Outra ocorrência muito comum no oitavo nível do Corpo de Luz é a arritmia dos batimentos cardíacos. Isso ocorre porque o sistema circulatório da quinta dimensão (chamado de sistema axial) está sendo ativado e o coração pode estar recebendo dois tipos de impulsos elétricos. Isso prossegue até alcançar um ponto em que o sistema axial e o sistema nervoso autônomo fundem suas funções e o coração passa a funcionar basicamente a partir dos impulsos do sistema axial. O oitavo nível do Corpo de Luz é uma experiência incrivelmente interessante. Quando 95% dos Obreiros da Luz estavam no oitavo nível do Corpo de Luz, eles começaram a desenvolver uma mente grupal e, com isso, a propor metas inteiramente novas em benefício deste planeta. Isso é como abrir uma via expressa até a Fonte para toda a espécie humana.

O Nono Nível do Corpo de Luz

Quando vocês passam para o nono nível do Corpo de Luz, vocês começam a entender a linguagem tonal. Vocês passam a reconhecê-la, em vez de ser simplesmente afetados por ela. Aquelas formas e padrões geométricos com os quais vocês estiveram trabalhando no plano mental passam a ter coerência: transformam-se numa linguagem. Algumas pessoas podem captar "hieróglifos" ou o "Código Morse" — que são tipos de linguagens da Luz da sexta dimensão. O Espírito está usando essas linguagens para **transformar a estrutura da sexta dimensão em um novo padrão adequado ao Corpo de Luz de quinta dimensão.**

Vocês estão começando a encarnar a Divindade. A passagem para a sétima dimensão pode ser ativada, causando dores lombares ou nos quadris e uma sensação de densidade na região pélvica. As estruturas de sétima dimensão estão entrando em sintonia com a Mente Suprema de vocês. Novas estruturas Alfa/Ômega estão se desenvolvendo em volta do corpo físico, permitindo um fluxo maior de energia. As estruturas etéricas de quinta e sexta dimensão são coordenadas por meio da sintonia da sétima dimensão com a Mente Suprema para receber uma nova Imagem Divina do Adão Kadmon. É possível que, nessa altura, vocês sofram mudanças no corpo: podem ficar muito mais altos ou muito mais magros, maiores ou até desenvolver asas. Podem tomar consciência de que têm outras formas além da humana. E começam a integrar as identidades não-humanas com a identidade humana. Esse é o momento de coordenar todos os níveis que fazem parte de vocês.

Vocês estão traduzindo por si próprios as linguagens da luz e estão conscientes de si mesmos em outras dimensões, seja qual for o modelo que usem. Vocês estão cientes da estrutura cristalina que interliga tudo.

Vocês passam a se preocupar muito menos com o que os outros podem estar pensando de vocês no nível pessoal. O que importa é como vocês estão expressando o Espírito neste momento a cada sopro de ar que inspira e a cada passo que dão. Quem se importa com o que os outros pensam? Eles também despertarão, pois também estão passando pelo mesmo processo. Pois lembrem-se de que esse processo não é uma questão de escolha; se estão encarnados, vocês estão em processo de mudança.

A glândula pituitária continua expandindo-se e produzindo mais hormônios de crescimento. Em algumas mulheres pode ocorrer uma deficiência nos níveis de estrogênio. Elas podem sentir-se exaustas, deprimidas e desinteressadas. A menstruação pode se tornar irregular ou surgir alterações no fluxo.

Portanto, quando iniciarem a transição para o nono nível do Corpo de Luz, vocês darão início a uma mudança radical no ser multidimensional que são. Vocês estão tornando real e manifesto neste planeta o mestre que são. Nós vemos vocês todos como mestres: cada um de vocês é um mestre. Vocês vieram para este planeta para vencer as limitações impostas pela separação. Vocês realizaram um trabalho excelente! Agora o jogo está mudando para que vocês realmente passem a ser o que são em toda a sua amplitude. Quando olhamos para vocês, nós sabemos quem vocês são, em todos os níveis da existência. Vocês fazem idéia de quanta energia é preciso para mantê-los com essa ilusão de que são limitados e separados do Todo? Uma enorme quantidade de energia. Bem, vocês não precisam mais fingir. Todas as amarras se soltaram. Vocês têm toda permissão e total apoio para manifestar a própria divindade.

Normalmente, ocorre um grande retrocesso no começo do nono nível do Corpo de Luz e também no final dele. Pois, no terceiro, no sexto e no nono nível, vocês passam por uma grande reavaliação. O nono nível pode ser um dos mais difíceis, pois é nessa etapa que vocês começam a render-se totalmente ao Espírito. Vocês descobrem que, pessoalmente, não controlam nada. E percebem que nunca passaram de um instrumento divino. Vocês são "o Espírito em ação". É o Espírito que determina quanto dinheiro vocês têm ou deixam de ter; o rumo que a vida profissional de vocês está tomando ou se vocês vão conseguir ou não um emprego. O Espírito determina tudo: vocês são um instrumento divino. Trata-se da dissolução do ego, a reta final rumo ao despertar.

Essa pode ser a experiência de maior êxtase e, ao mesmo tempo, de maior sofrimento pela qual vocês passarão. Foi para chegar a ela que a maioria das pessoas se empenhou, ao longo de muitas vidas. Mesmo assim, chegar a esse limiar pode ser assustador. O êxtase que os aguarda do outro lado dessa passagem não pode ser descrito em linguagem humana. Eu estou canalizando através deste corpo agora, mas vivo naquele estado o tempo todo. Jamais estou separado da Fonte: *eu sou* a Fonte. É isso que é oferecido a cada um de vocês, o que não significa renunciar a todos os níveis do ser. É no nono nível que ocorre essa entrega, entrega e êxtase.

Bem, até certo ponto, o livre-arbítrio é uma realidade absoluta, mas, por outro lado, é uma completa ilusão. É o que os nossos amigos da Missão Terra chamam de "des-ilusão". Ele é parte vital do processo do Corpo de Luz, porque significa o abandono final do "ego", como vocês o concebem. Na nossa maneira de ver, o corpo mental, emocional e espiritual de vocês são simples *instrumentos* do Espírito. Eles não têm consciência própria. Faz parte da ilusão da separação a crença de que o ego tem o controle. Esse é o nosso ponto de vista e vocês têm todo direito de discordar. Neste exato momento, quando a maioria de vocês se encontra no nono nível do Corpo de Luz, o Espírito está começando a impulsioná-los rumo ao despertar. A identidade de vocês já está mudando, assim como o contexto em que vivem. Deixem que isso ocorra. Rendam-se a isso. É a resistência que torna a experiência mais dolorosa.

Sigam o Espírito a cada lufada de ar que inspiram e a cada passo que dão. Deixem que a amplitude que os caracteriza se manifeste e vocês estarão exatamente onde precisam estar, com quem precisam estar e fazendo o que precisam fazer nesse dado momento. Os medos ligados à luta pela sobrevivência dissipam-se; deixam de ser importantes. Quando vocês manifestam quem realmente são e o que vieram fazer aqui, todas as pequenas ilusões que os importunam perdem a importância e deixam de ser reais. Os medos podem ressurgir, uma vez que vocês continuam vivendo neste mundo, mas vocês já serão capazes de colocá-los de lado. No terceiro, no sexto e no nono nível, vocês se desligam da realidade consensual. Percebem que voltar a ela é doloroso.

No sétimo, no oitavo e no nono nível, vocês descobrem que estão irradiando luz de maneira totalmente diferente. Os olhos de vocês parecem muito claros e diferentes para as outras pessoas. Elas se aproximarão de vocês dizendo: "Você parece tão feliz!" Lembre-se de que muitas pessoas têm pânico de se entregar. Digam a elas: "Sigo o Espírito sem hesitação. É por isso que estou feliz e satisfeito. Sugiro que faça o mesmo." Essa é a coisa mais simples que vocês podem dizer a elas. E isso de fato acontecerá.

Alguns de vocês podem estar cercados de pessoas que vivem a síndrome do que chamamos de "O que aconteceria se...": "O que aconteceria se os pólos se deslocassem e fôssemos parar em Plutão?" "O que aconteceria se Denver se tornasse um promontório?" "O que aconteceria se fôssemos dominados por alguma espécie de lagarto que quisesse manter os seres humanos em cativeiro para nos devorar?" Freqüentemente surgem pessoas para importunálos com perguntas desse tipo. Simplesmente permaneçam centrados no Espírito e saberão exatamente o que dizer nessas situações.

No sétimo nível, muitas pessoas acham que vão ascender para um nível melhor no dia seguinte; que Ashtar virá buscá-las e leválas em sua nave para longe daqui. Isso ocorre porque essas pessoas estão estabelecendo vínculos energéticos entre o eu que se encontra no corpo físico e o que se encontra no Corpo de Luz, que corresponde ao seu "futuro eu", em termos lineares. Por isso, há uma premência de pôr a vida em ordem. E isso de fato acontece. A pessoa diz tudo o que sempre quis dizer aos outros. Faz tudo o que sempre quis fazer.

No oitavo nível, vocês sabem que vão ficar neste planeta por mais algum tempo e um novo senso de propósito começa a invadi-los. Sabem que estão aqui porque têm algo a fazer e isso os enche de entusiasmo. No oitavo nível, vocês deixam de entrar e sair do corpo a todo momento. Vemos que muitos Obreiros da Luz têm acesso a suas múltiplas dimensões, mas não chegam a entrar nesses outros corpos. Ficam saltando de um lado para o outro. No oitavo nível, eles entram em seus corpos. E se sentem mais concentrados e mais calmos do que nunca. Sabem que não estão malucos porque estão centrados e ancorados em si mesmos. Tornamse o que foi denominado "humanidade exaltada" à medida que manifestam uma parcela cada vez maior de sua amplitude. Quando chegam ao nono nível, manifestaram sua amplitude quase integralmente, o que faz deles seres notáveis.

No oitavo nível do Corpo de Luz, os chakras superiores estão abertos e ativos. O corpo espiritual já se fundiu com o corpo mental e o emocional, formando um campo unificado. Os padrões do oitavo chakra são colocados em ordem e os campos energéticos começam a funcionar de modo diferente. Vocês estão em contato com a Mente Suprema. E prevalece a sensação de que estão ligados ao Espírito o tempo todo.

Enquanto o nono e o décimo chakras continuam se abrindo, o décimo primeiro e o décimo segundo chakras também se abrem, e vocês se ligam à Mente Crística Suprema. Começam a atuar a partir dessa qualidade crística do ser, mesmo estando encarnados neste planeta. Capazes, inicialmente, de entrar e sair desse estado, vocês podem achar um pouco incômodo passar da condição de Amor, Vontade e Verdade Divinos para a de um "pobre idiota presunçoso" novamente. Mas isso logo passa. A certa altura, depois de ter atravessado o Limiar do Despertar, vocês começam a atuar a partir do nível crístico o tempo todo. Algumas pessoas preferirão permanecer no *nível crístico* e esse será o caminho delas aqui. Outras se ligarão à presença EU SOU. Se vocês começarem a atuar a partir desse nível de Divindade, em algum momento do décimo ou do décimo primeiro nível do Corpo de Luz se tornará muito difícil manter a aparência humana. Realmente difícil!

No nono nível do Corpo de Luz, vocês passarão para estados de ser nos quais jamais estiveram. Viverão a experiência de encarnar a própria verdade de vocês, o amor incondicional, bem como a Luz e o poder que lhes são inerentes. Esse estado, chamado de Chama Tripla, existe no coração de todos. É uma chama que se irradia para todas as dimensões. A maioria das pessoas normalmente manifesta com mais intensidade um dos componentes dessa chama.

No término do nono nível, tem início um processo de descensão — que em geral é muito marcante. O ego da pessoa rende-se inteiramente e esse processo é extremamente transformador: é possível que se comece a emitir Luz.

Os três últimos níveis do Corpo de Luz constituem o que chamamos de "níveis espirituais". É quando todos os campos estão unificados, e quatorze chakras estão abertos. Os campos energéticos estão fundidos e vocês se encontram totalmente ligados à Mente Crística Suprema em todos os níveis do ser. Estão em permanente contato com a presença EU SOU.

O Décimo Nível do Corpo de Luz

No décimo nível, vocês começam a manifestar as qualidades de um avatar. Isso significa que podem estar onde quiserem e quando quiserem. O teletransporte, o *apportation*, e a manifestação fazem parte desse nível do Corpo de Luz, pois a pessoa está plenamente consciente de ser una com a Fonte e de ser tudo. Quando vocês são Tudo O Que Existe, o que vocês não são? Vocês são o universo recriando-se de acordo com as idéias que fazem da realidade. No décimo nível do Corpo de Luz, vocês libertam-se dos aprisionamentos e se comportam de acordo com a própria amplitude, de acordo com o que chamamos de Ser Divino, inerente a todos. Vocês estão em contato com tudo. Não há nenhuma folha que caia neste planeta sem que vocês percebam, pois vocês são a consciência planetária. Gostaríamos que vocês entendessem que isso significa que esse nível de percepção retrata o caminho que leva à parte mais profunda da consciência humana e para a sua consciência genética humana. Tudo isso tem que ser integrado, ao longo do caminho de volta até o físico. Ninguém vai permanecer flutuando pelos planos etéricos. Vocês terão que trazer tudo isso de volta para cá.

Portanto, o que começa a ocorrer quando vocês entram em contato com a Mente Suprema é que os tetraedros duplos de que já falamos trocaram de lado e vocês passam a atuar num campo unificado. As formas geométricas começam a mover-se numa hélice dupla. No jogo kármico, vocês têm um DNA de apenas dois filamentos, mas no Corpo de Luz, vocês tem um DNA de três filamentos ou mais. O que faz com que o corpo de vocês forme um filamento pentadimensional no centro. Vocês começam a desenvolver, no interior de suas estruturas energéticas, o que chamamos de "veículo Merkabah". "Merkabah" significa "carruagem" em hebraico.

O Merkabah é uma estrutura de Luz cristalina que lhes permite atravessar o espaço, o tempo e as dimensões, inteiramente em sua totalidade. O Merkabah tem consciência própria. Vocês podem começar a trabalhar com ele para viajar para outros sistemas de Origem. Da nossa perspectiva, passar para o Corpo de Luz é apenas uma parte de um processo muito mais amplo. Vemos todos os planos e dimensões voltando a se fundir com a Fonte deste universo, que então se funde com outros sistemas de Origem, e assim por diante, até voltar ao Uno. Esse é um processo gigantesco.

Do nosso ponto de vista, não existe nada mais belo ou magnífico do que as expressões divinas que vocês terão ao regressar. Algumas pessoas voltarão a este mesmo sistema de Origem. Outras voltarão para um outro sistema de Origem. E vocês estão aqui para estabelecer as ligações para que todos esses sistemas se fundam. Algumas pessoas estão aqui simplesmente para levar o planeta para o Corpo de Luz. Outras são encarregadas de levarem o planeta adiante, fazendo-o passar para os planos seguintes. Tratase da ascensão de todos os sistemas dimensionais.

Vocês constroem essa estrutura de Luz cristalina a partir dos planos em que se encontram, com a ajuda do Espírito. Estamos falando de três diferentes eixos com diferentes funções: a função Angélica, a Irmandade Espacial, ou função Extraterrestre, e a função do Mestre Ascensionado. Essas três funções se ajustam. No momento da ascensão, a Irmandade Espacial ligará todos os veículos Merkabah que estão sendo construídos em seus próprios campos, para vincular todo o planeta, formando o Corpo de Luz planetário — construindo literalmente o veículo para este planeta ascender. O planeta Terra será retirado da terceira dimensão e essa dimensão se extinguirá.

O eixo do Mestre Ascensionado funcionará como um conjunto de guias e navegadores. Eles estão aqui para trabalhar com as coordenadas e levar este sistema solar para um sistema multiestelar. Esses mestres servem como navegadores.

Muitos dos Angélicos passarão para o Corpo de Luz, mas outros retornarão à forma de energia pura. Como Angélicos encarnados, nossa energia é o "combustível" desse processo.

No décimo nível do Corpo de Luz, vocês começam a viver conscientemente de acordo com o próprio eixo. Todos vocês têm todos os códigos de DNA para exercer todas essas funções. A questão é simplesmente saber que parte do processo o Espírito quer que vocês desempenhem desta vez.

Nenhum desses eixos é "mais importante", "melhor" ou "mais avançado" do que os outros. Exerçam plenamente a função que lhes for designada.

Décimo Primeiro Nível do Corpo de Luz

Construída a estrutura do veículo Merkabah, vocês iniciam a passagem para o décimo primeiro nível do Corpo de Luz. É quando vocês decidem se querem continuar no processo do Corpo de Luz e ascender com o planeta, se querem ascender antes do planeta e fazer parte de uma espécie de expedição avançada ou se querem passar para a forma de energia pura. Isso é decidido no décimo primeiro nível do Corpo de Luz, quando vocês se ligam, através das linhas axiotonais, ao veículo Merkabah de dimensão superior.

As linhas axiotonais são parte da estrutura materializada do Corpo de Luz de vocês, mas elas também ligam vocês a outros sistemas estelares e a outros universos. Essas linhas de Luz, localizadas ao longo dos meridianos físicos da acupuntura, estão ligadas ao corpo físico de vocês através de algo conhecido como "pontos giratórios". A estrutura do Corpo de Luz tem muitas linhas de Luz que se cruzam, formando belas formas geométricas. Ao longo do processo de mutação, forma-se um sistema circulatório totalmente novo de quinta dimensão. A regeneração das células é efetuada por meio dos pontos giratórios axiotonais e vocês são reestruturados no nível molecular. O Espírito cria e fortalece essas estruturas por meio de todos os níveis do Corpo de Luz, preparando o corpo físico de vocês para receber o veículo Merkabah maior.

No décimo primeiro nível do Corpo de Luz, todas essas estruturas já estão firmemente estabelecidas e plenamente ativadas.

Vocês poderão notar que o tempo se acelera, e continuará se acelerando até tornar-se simultâneo. Por isso, vocês muitas vezes terão a sensação de estar em todos os lugares ao mesmo tempo, de estar no tempo simultâneo e de voltar ao tempo linear. Vocês se acostumarão com essa passagem de um tempo para outro. Quando a maioria das pessoas deste planeta estiver no décimo primeiro nível do Corpo de Luz, o planeta não estará mais no tempo linear, mas na simultaneidade. Vocês acharão essa mudança um bocado divertida, pois perceberão que as "vidas passadas" não passam de uma piada: vocês têm várias vidas e todas elas têm ressonâncias.

Cada vez que vocês optam pela Luz em qualquer um dos paralelos, essa opção afeta cada uma das vidas que vocês já tiveram. Tamanho é o poder que tem a Luz. Quando uma pessoa opta pela Luz em determinada vida, isso afeta todo o planeta através do tempo e de todos os paralelos. Existem de sete a oito milhões de Obreiros da Luz encarnados apenas neste paralelo. Que efeito vocês acham que eles causam? O que vocês acham que eles podem fazer? Qualquer coisa que quiserem, desde que sigam o Espírito.

No décimo primeiro nível, vocês estão vivendo inteiramente a partir do ser Divino de vocês *e não* existe nenhuma separação. Lembram-se do tempo em que vocês, nos níveis inferiores, seguiam o Espírito em tudo que faziam? Bem, vocês conseguiram! Tiveram algumas dores de cabeça e gripes durante o processo, mas agora têm a recompensa!

O que vocês mais gostam de fazer no mundo é a chave para descobrir o papel que lhes cabe no Plano Divino. Muitos de vocês têm habilidades e capacidades de percepção muito especiais para ajudar o planeta. Talvez vocês sejam especialistas em diplomacia intergaláctica, em novas estruturas familiares, em novas formas de governo, ou em novos métodos de distribuição de alimentos e de outros recursos em escala global. Talvez o que alegra o coração de cada um de vocês seja criar novos tipos de vida comunitária, novos rituais para manifestar uma espiritualidade ativa, novas tecnologias com base na Luz ou novos tipos de expressão artística.

No décimo segundo nível do Corpo de Luz, vocês vão manifestar a visão que têm do Paraíso na Terra e expressar o êxtase do Espírito.

O Décimo Segundo Nível do Corpo de Luz

No décimo segundo nível, vocês colocam em prática a decisão que tomaram com relação ao que fazer, que pode ser entrar em contato com outros povos do planeta ou qualquer outro tipo de coisa. Muitas estruturas precisam ser estabelecidas antes da ascensão final deste planeta: novos conselhos de estado, novos métodos de governo, enfim todo tipo de coisas. E vocês estão fazendo tudo isso precisamente agora, e simplesmente por estarem aqui. Lembrem-se de que estão atuando em simultaneidade e simplesmente tornando-se cada vez mais conscientes disso. E estão fazendo isso agora. Isso já ocorreu, portanto, *ocorrerá*. Um planeta começa a ascender no momento em que é criado. Nada se perderá. Toda a história planetária está no registro Akáshico; portanto, vocês não precisam guardá-la na memória do corpo.

Como vocês podem ver, nem toda escolha que se faz está de acordo com a vontade do Espírito; a escolha de acordo com a vontade do Espírito sempre acabará ocorrendo, mas é criada uma realidade paralela para respeitar a outra escolha. Portanto, existem quatrilhões de realidades paralelas. Mas quando vocês, espalhados através da linha do tempo, despertam para a vontade do Espírito, todos aqueles paralelos voltam a unir-se. Agora vocês estão passando por uma constante fusão de todos esses paralelos. Haverá, portanto, um momento em que todos esses paralelos vão se fundir e restará apenas o caminho do Espírito desde o momento da criação. O jogo kármico jamais *existiu* a não ser nos registros. Não existe em vocês e vocês não precisam carregá-lo consigo. Vocês não o carregam no corpo nem na mente nem no coração. Que coisa fantástica! É assim que se faz a ascensão de um planeta. Vocês tecem as tramas dele novamente. Cada um daqueles pontos do AGORA contribui para o tecido que forma aquilo que poderíamos chamar de espaço-tempo. Do nosso ponto de vista, vemos linhas de força que descem até cada um desses pontos, através de todos os paralelos, como se fossem "ganchos". A dimensão é "alçada" através do tempo.

Assim, quando vocês passam do décimo primeiro para o décimo segundo nível do Corpo de Luz, ocorre a última ativação do Plano Divino para o planeta Terra. Este planeta passa para a Luz, sai dessa dimensão e é levado para um sistema multiestelar. Todos estão no Corpo de Luz e seguem o Espírito, reconhecendo sua soberania e poder absolutos. Então, todo o caminho de volta torna-se a expressão do regresso, em todos os níveis da identidade e do ser de vocês, à medida que regressam e passam pela experiência da Fonte.

Perguntas e Respostas

P.: Existem outros sintomas dessa mudança?

R.: É comum ocorrer um momento em que a comida não tem mais gosto de comida. Vocês podem sentir fome o tempo todo, mas quando comem, o corpo não registra a ingestão do alimento. Isso ocorre porque o Corpo de Luz foi suficientemente ativado para que vocês precisem também de Luz como nutriente. Há um truque que resolve esse problema. Parece estranho, mas funciona como se fosse magia. Formem um triângulo com ambas as mãos, as palmas voltadas para o sol, os polegares se tocando para formar a base e os indicadores formando os lados e o vértice. Isso funciona como antena e como prisma para a Luz que está por trás da luz. Procurem fazer isso por cerca de quinze minutos. Vocês sentirão o corpo se inundando de Luz e sendo saciado.

Comam também tudo o que o corpo pedir. Joguem fora os livros de dietas. Vocês estão aqui para seguir o Espírito, e não receitas espirituais. Mesmo se forem vegetarianos, se o corpo estiver querendo um grande e suculento bife, coma-o. Se vocês detestam brotos, mas o corpo estiver sentindo falta deles, coma-os. É possível que alguns de vocês se sintam muito inclinados a tomar bebidas alcoólicas, especialmente cerveja, porque elas contêm certos componentes que o corpo necessita para a mudança. Dispensem todas as prescrições sobre o que convém comer, pois vocês poderão acabar comendo coisas realmente estranhas — como espinafre com canela!

Vocês perceberão que o padrão de sono torna-se extremamente irregular. Ele pode saltar de duas horas de sono por dia para doze e vice-versa. É possível que vocês também acordem cansados.

Lembrem-se de que são seres multidimensionais, e que trabalham arduamente enquanto dormem. Enquanto vocês expandem cada vez mais a consciência de si mesmos em outros planos, o corpo físico fica cansado, como se estivesse realizando esse trabalho. Portanto, digam a si mesmos: "Por favor, faça uma pausa!" ou "Preciso de uma noite de descanso".

Lembrem-se de que são vocês que controlam a rapidez do processo do Corpo de Luz. Quanto mais Luz vocês inspiram, mais rapidamente o processo avança. Um exercício básico muito simples é a técnica da Unificação dos Chakras. Esse exercício aumenta o Corpo de Luz, possibilitando que o sistema dos chakras funcione como no Corpo de Luz e ajudando os corpos energéticos a atingirem gradualmente o estado de fusão. Sugerimos que vocês o pratiquem várias vezes por dia até se acostumarem. Então, com a simples ordem "Unifique", a unificação ocorre instantaneamente. Vocês chegarão a um ponto em que permanecerão naturalmente nesse estado. E quando se afastarem dele, terão uma sensação estranha. Se vocês acharem que o mundo exterior está muito louco, simplesmente digam "Unifique". Se perceberem que estão absorvendo muita energia externa, é porque os chakras e os corpos energéticos de vocês não estão unificados.

Outra coisa que podem fazer é invocar a energia da Graça para a vida de vocês. A energia da Graça Divina é o instrumento mais poderoso que existe neste planeta. A Graça envolveu o planeta Terra e sua energia está à disposição de todos vocês. O Elohim da Graça, uma entidade marcante, irá até vocês sempre que quiserem. A Graça é o Elohim do raio prateado e sua energia é visível em forma de neve iridescente. Parece um pó mágico. Portanto, se notarem esse pó à sua volta, saibam que a Graça está com vocês.

A Graça é a força Divina que lhes possibilita romper totalmente com o passado a qualquer momento. Pedimos encarecidamente que, por favor, não tentem fazer tudo sozinhos, nem tentem "consertar" a si mesmos. O universo recria-se em torno das imagens que vocês fazem da realidade, de forma absoluta e impessoal. Se na visão que vocês têm da realidade há algo de errado com vocês e que precisa ser reparado, o universo se recriará em torno disso *ad nauseam*. Vocês vão querer resolver todos os problemas desta vida, de todas as outras vidas que já tiveram aqui e depois em outros planetas até chegarem ao cúmulo de querer resolver os problemas do próprio planeta! Por favor, parem com isso! O poder da Graça está neste planeta, portanto isso tudo é desnecessário. Usem esse poder, por favor: ele é o maior bem que vocês têm.

Usem o poder da Graça em todos os aspectos da vida. Vocês podem invocá-lo para consertar o carro. Se ele quebrar, invoquem "Graça, o motor, por favor!" Nós chamamos esse poder de "lubrificante divino". Merlin a chama de "Crisco Cósmico". Há uma razão para isso. Lembram-se daqueles tetraedros do campo energético que ficam aprisionados nos padrões kármicos? Se vocês estão presos a alguém e invocam a energia da Graça, a neve iridescente irá cair sobre esses tetraedros e libertá-los imediatamente. Vocês podem recorrer à Graça para tudo e a Graça terá prazer em ajudá-los de todas as maneiras possíveis — afinal, essa é a Expressão Divina dela. Se vocês se pegarem querendo resolver tudo sozinhos, por favor, parem e invoquem a Graça.

Um dos padrões que vemos repetir-se muitas e muitas vezes neste planeta é o seguinte: "Se ao menos eu conseguisse tal coisa na minha vida, então eu poderia ascender para a Luz." Muito bem, tenho uma novidade para lhes contar. Enquanto estiverem tentando se ajustar, vocês não chegarão a nenhum lugar. Agora, vocês são exatamente o que são: mestres multidimensionais nos vários estágios do processo de Despertar. Não há nada para consertar. Trata-se simplesmente de se abrir, de despertar, de recordar e de se expressar. Essa é a lição de Ariel. Nós ficamos conhecidos por pedirmos às pessoas que parem de fazer isso. Vemos tantos Obreiros da Luz lutando e atolando-se em tudo quanto é encrenca imaginável. Isso é totalmente desnecessário e vocês não têm tempo: este planeta está avançando rápido demais para que vocês resgatem o karma pessoal e suas limitações. O karma é apenas uma ilusão do jogo kármico e vocês o estão deixando para trás.

Há uma diferença entre invocar a Graça e viver negando tudo. Não estamos sugerindo que neguem qualquer parte da realidade de vocês. Quando tiverem acesso a diferentes partes da consciência do corpo físico ou da consciência genética humana, muitas coisas serão removidas do corpo de vocês (como vergonha, culpa, medo e desespero). Precisamos purificar a consciência genética humana. Essa tarefa não teria fim se vocês se ocupassem de cada vida separadamente — cada experiência humana contida na consciência humana coletiva separadamente —, voltando constantemente a viver no passado. A Graça é sempre o AGORA. Se vocês estiverem sempre participando com o Espírito no AGORA e deixarem o Espírito os conduzir à consciência genética humana, vocês se expressarão a partir das realidades do corpo físico. Esse processo ainda está sendo guiado pelo poder da Graça, o que permite que vocês simplesmente deixem a coisa toda acontecer. Expressem-se e sigam em frente. A atitude de querer resolver tudo sozinhos os manterá aprisionados ao passado, analisando-o e tentando prever o futuro. Nunca estarão no AGORA. Portanto, invoquem a Graça.

Estamos falando como se o processo do Corpo de Luz fosse linear, mas ele não é. A nosso ver, trata-se de um processo totalmente não-linear. Cada um de vocês tem uma característica tonal única, um tom pessoal. O Corpo de Luz é uma corda. Portanto, se vocês estiverem, por exemplo, no sétimo nível, poderão sentir uma ressonância originária do eu que está no terceiro nível, o que poderá fazê-los ter sintomas semelhantes aos da gripe. Podem também sentir ressonâncias do eu que está no nono nível e, nesse caso, começarão a ouvir sons e a ver formas geométricas. Assim, embora o processo do Corpo de Luz tenha um padrão genérico, ele é também um experimento do qual todos vocês participam. Cada pessoa faz isso à sua própria maneira enquanto expressa a própria divindade. Nós achamos isso muito interessante e exclamamos: "Mas que bela trama! Que coisa mais interessante para se fazer!"

Achamos até que fazer um planeta transitar para a Luz é uma "diversão eletrizante". É por isso que estamos empenhados nesse processo. Esperamos que vocês em breve também possam senti-lo dessa mesma maneira. Todos vocês já fizeram isso milhares de vezes e é o que vêm fazendo há um bom tempo. Imaginar como vocês farão isso dessa vez é divertido. A melodia do Corpo de Luz, tocada através de cada um de vocês, é única. E é isso que a torna tão envolvente. Cada vez que se leva um tipo de corpo para a Luz, a experiência é completamente nova. O que acontece cada vez que um planeta passa para a Luz, depende da densidade, da espécie e da consciência coletiva do planeta. Ele nem sempre ascende para a Luz, mesmo que seus habitantes o façam. O que torna o planeta Terra particularmente especial é o fato de que ele próprio está ascendendo para a Luz. É por isso que esse plano está sendo alvo de tanta atenção: para ajudar o planeta nesse processo. Essa foi a promessa feita à consciência planetária quando ela concordou em ser o palco desse jogo kármico.

Exatamente neste momento, está sendo removido do planeta um padrão importante que chamamos de "padrão de hostilidade". Em setembro de 1989, o planeta deixou de lado seu padrão de hostilidade com relação à humanidade. Isso significa que ele não sente mais que precisa vingar-se da população. Isso impediu que muitas das catástrofes previstas ocorressem. Mesmo que ocorram catástrofes naturais — terremotos, erupções vulcânicas, enchentes — o número de vítimas será bem menor. Os prejuízos materiais, entretanto, podem ser maciços — para indicar que é preciso se desapegar dos bens materiais.

Há uma outra coisa com a qual vocês podem trabalhar. Há momentos no processo do Corpo de Luz em que a função do cérebro é alterada e vocês podem sentir dor de cabeça. Vocês poderão amenizá-la colaborando com a expansão das glândulas pineal e pituitária, pois esse é um fato natural que terá de ocorrer. Em estado de meditação, fechem os olhos e se concentrem no ponto entre as sobrancelhas. Isso pode lhes causar uma leve dor de cabeça, mas passado algum tempo, que não podemos determinar, vocês certamente verão um forte lampejo de luz, justamente quando a glândula pineal passa a exercer sua nova função. Para colaborar com a expansão da pituitária, voltem a atenção para a região posterior do cérebro até que vejam um lampejo de luz. Isso indica que a pituitária mudou de função. Esses exercícios aliviarão as dores de cabeça e contribuirão para a expansão das glândulas pineal e pituitária.

O que determina o nível da ativação do Corpo de Luz é uma seqüência tonal de cores. Todo o processo do Corpo de Luz pode ser expresso em padrões de tons, de cores e de formas geométricas. Vocês podem perceber esses padrões durante a meditação, quando o Espírito atua sobre os corpos energéticos. Quando prestarem atenção aos sons, vocês acharão alguns agradáveis e isso significa que esses são para vocês. Os que não forem tão agradáveis, são destinados a outras pessoas.

P.: Os paralelos também passam por um processo de ascensão?

R.: O livre-arbítrio, no contexto do jogo kármico, significa que vocês podem optar por fazer algo que não esteja de acordo com a vontade do Espírito. Sempre que isso ocorre, é criada uma realidade paralela que segue a vontade do Espírito. Isso ocorrerá cada vez que vocês fizerem uma escolha que contrarie a vontade do Espírito.

À medida que vocês despertam e começam a seguir o Espírito, não são mais criados novos paralelos, e aqueles que foram criados pelas escolhas anteriores de vocês acabarão se fundindo. Vocês estão passando por uma fusão diária de milhares de paralelos neste planeta. Quando todos os paralelos tiverem se fundido, tudo o que restará é a realidade que reflete a vontade do Espírito, desde o início da criação. Portanto, jamais existiu algo como jogo kármico.

Da nossa perspectiva, cada AGORA constitui uma fibra do tecido que forma o todo, aquilo que vocês chamam de "espaço e tempo". Nós vemos linhas de força penetrando em cada AGORA através de todos os paralelos. Elas são como "ganchos" para a terceira dimensão, que "alçam" essa dimensão para uma dimensão superior, através do tempo.

Vocês começarão a perceber a si mesmos através do tempo e também no ponto da linha do que representa o AGORA. Quando a maioria das pessoas estiver no nono nível do Corpo de Luz, este plano em que vocês estão não se encontrará mais no tempo linear. Vocês existirão em simultaneidade e compreenderão a piada com respeito às "vidas passadas". Todas as vidas de vocês repercutem-se umas nas outras através do tempo e do espaço. Quando qualquer uma das personalidades de vocês opta pela Luz, ela afeta todas as outras, através de toda a linha do tempo e de todos os paralelos. Isso, por sua vez, afeta todas as pessoas com quem essas personalidades entrarem em contato. Conseqüentemente, uma única pessoa que escolha seguir o Espírito afeta toda a história do planeta Terra.

Existem de sete a oito milhões de Obreiros da Luz neste paralelo. Pensem apenas no que todos somos capazes de fazer. Qualquer coisa! Desde que sigamos o Espírito, não há nada que não possamos fazer.

P.: Em que aspectos o processo pelo qual passa o planeta Terra difere do nosso?

R.: O planeta foi ativado para o terceiro nível do Corpo de Luz em 16 de abril de 1989. Passou para o sétimo nível em janeiro de 1993, para o oitavo em 30 de maio de 1994, e para o nono em 15 de outubro de 1994. Como vocês podem ver, todo o Plano Divino está se acelerando incrivelmente. A Terra está se livrando de todas as imagens de realidade. Vocês notaram todas as recentes notícias e programas de TV que falam sobre fatos do passado: "Vamos relembrar a II Guerra Mundial." Essas perspectivas históricas têm a ver com o fato de que o planeta está se livrando das imagens consensuais da realidade. Ele está liberando fardos inteiros de experiências que lhe foram inculcadas durante todo o curso do jogo kármico. Outra sensação constante que vocês terão será a de que algo está prestes a acontecer. Dependendo da visão que vocês têm da vida, ela pode ser imensamente incômoda ou extremamente agradável. "Bem, tudo está mudando." A polarização está cada vez maior. O próprio planeta sente como se estivesse sofrendo os típicos altos e baixos dos maníacos-depressivos. Num momento ele diz: "Nossa, estou me tornando uma estrela!" e, no outro: "Oh, não, vamos todos explodir!"

O planeta está exigindo que as pessoas abandonem por completo o padrão de hostilidade. Por isso, de repente, uma onda de anti-semitismo começou a percorrer a Europa. Essa onda não durará, porque não existe nenhum padrão de hostilidade para sustentá-la. Ela é mais uma expressão do que uma ação. Vocês perceberão como os acontecimentos internacionais seguem uma tendência diferente, pois são mais formas de expressão do que ações propriamente. Criar uma guerra e mantê-la é ação, mas expressar ódio, não. Uma vez que o ódio é expresso, ele normalmente se dissipa, porque não existe nenhum padrão etérico para sustentá-lo. Todos os padrões de hostilidade estão sendo removidos da estrutura planetária e de todas as pessoas. Todos os padrões de separação entre "nós e eles" estão sendo removidos do campo energético das pessoas.

Todos os tipos de idéias novas estão sendo introjetadas na consciência coletiva. Existem Obreiros da Luz em todas as partes. Quantos de vocês assistiram *Alien Nation*? Esse filme realizou um grande trabalho preparatório. Muitas coisas estão invadindo a consciência coletiva para possibilitar novos modos de pensar, de viver e de se relacionar. Gostamos do *slogan* da Apple, empresa de computadores : "Seus pais deram-lhe o mundo; dê a seus filhos o universo." Há todo o trabalho realizado por *Jornada nas Estrelas: A Nova Geração* e *Deep Space Nine* no sentido de mostrar às pessoas a natureza das realidades múltiplas e a natureza do tempo e do espaço com relação à consciência. Esse trabalho tem sido extremamente importante. No episódio "Primeiro Contato", de *Jornada nas Estrelas*, tratou-se da delicada diplomacia necessária para convidar um planeta a participar da comunidade galáctica. Em "Transfiguração", um ser se transforma em Corpo de Luz no leme da nave espacial Enterprise.

Vocês vão perceber que muitos códigos estão aparecendo em músicas. A mensagem de "Rave" é extremamente forte. Ela possibilita que as pessoas se encontrem com a finalidade de entrar em contato com a consciência e de aumentar a energia do planeta; a celebração atravessa seus corpos. Ao mesmo tempo, são transmitidas mensagens de ódio em outros tipos de música. A polarização aumenta.

O sentimento que neste momento permeia todo o planeta é: "Que diabo está acontecendo?" Por isso, pedimos que sejam amáveis, porque a eliminação das velhas imagens torna as coisas assustadoras. Do próprio planeta está vindo à tona um bocado de medo.

Pedimos que vocês se firmem *acima* do planeta, e não *nele*. O planeta está em mutação e se vocês firmarem-se nele, ele ficará perturbado. Não se pode exigir dele neste momento que se encarregue de estabilizá-los. Ele está sofrendo fortes pressões para estabilizar a si mesmo. De fato, o que vocês podem fazer é ajudá-lo a estabilizar-se, ancorando-se na amplidão do Espírito, para, então, atuar como pólo para essa energia. Isso permite que o planeta se apóie em sua própria amplidão.

P.: O que é "descensão"?

R.: A descensão ocorre quando um aspecto superior do Espírito passa a residir no corpo de vocês. Normalmente, vocês já canalizaram antes esse aspecto superior, entrando em contato com uma parte maior da amplitude de vocês. Ocorrem descensões durante todo esse processo de mutação. A experiência pode ser tão suave como uma boa revelação, simplesmente como um grande bem-estar que dura alguns dias, ou extremamente perturbadora. Ela pode levá-los a questionar quem vocês são, por que estão aqui e o que estão fazendo.

Algo terrível que pode acontecer durante uma descensão é ver a própria identidade voar pela janela. Quanto mais rígidas forem as idéias a respeito de quem vocês são, mais difícil poderá se tornar a descensão. Se as idéias que tiverem a respeito de si mesmos forem mais flexíveis, ela poderá simplesmente ser algo do tipo: "Bem, quem sou hoje?" e "A realidade hoje é..."

Quanto mais fácil é uma descensão, menos dissonante ela é. Todos vocês já passaram por ela pelo menos uma vez, pois ela é parte natural do processo. Geralmente se passa por uma descensão quando se entra no terceiro, no sexto e no nono nível, e elas variam. Algumas pessoas acham que são *walk-ins*, mas isso não é verdade. Algumas descensões podem ser tão dramáticas que parecem um *walk-in*. Isso está acontecendo com muito mais freqüência, porque as pessoas estão passando por descensões mais intensas.

P.: Nós contribuímos para a mutação do planeta?

R.: Certamente. Lembrem-se de que o universo recria a si mesmo de acordo com as idéias que vocês fazem da realidade. Se a idéia que fazem é a de que o planeta está sendo poluído e destruído, sabem o que acontece? Terão um planeta poluído e destruído. Se têm a idéia de um planeta maravilhoso que purifica a si mesmo e provê sustento a seus habitantes por meios extraordinários, é esse o planeta que terão. Portanto, pedimos a vocês que enfoquem o lado belo e positivo das coisas. Viver com medo da diminuição da camada de ozônio não vai ajudar em nada. Apenas fará com que o buraco fique maior. O buraco é para estar lá, para deixar que as forças e raios divinos cheguem mais facilmente à Terra.

Existem muitas coisas que vocês podem fazer para ajudar o planeta — como plantar árvores e remover o lixo — sem sentir medo ou culpa. O medo pode imobilizá-los. Transformem esse sentimento em disposição para ajudar o planeta. Aprendam a ser Jardineiros Divinos. Plantem algumas sementes de Amor, cultivem os novos brotos da Verdade e colham os frutos da Vontade Divina.

P.: Houve algum evento no plano angélico que coincidiu com a plena manifestação da energia da Graça?

R.: Ocorreram muitos eventos. Basicamente, a energia da Graça envolveu o planeta como parte da estrutura da rede planetária, em setembro de 1989. Serão abertas passagens todos os meses daqui para a frente e vocês se acostumarão a isso. São passagens que lhes possibilitarão o acesso a diferentes energias e tecnologias, novas informações e novos aspectos do próprio Espírito. A cada um de vocês, e para o próprio planeta, estão sendo estabelecidas todas as ligações com aquela parte de vocês que já está no Corpo de Luz.

Se vocês não resistirem à passagem e deixarem que a energia flua através de vocês, será algo maravilhoso. Se resistirem às mudanças, a energia ficará bloqueada no campo de vocês. Notamos que o ser humano tem uma forte tendência a viver no futuro e parece propenso a considerar as coisas em termos de acontecimentos. Um dos problemas que observamos em alguns grupos que vivem no planeta é a expectativa constante de que alguma passagem vai se abrir. Nós gostaríamos de dizer que o tempo todo passagens estão sendo abertas, e que é muito mais eficaz manter a consciência no AGORA, no presente, com o Espírito. Aqueles cuja atenção está voltada para uma possível abertura desta ou daquela passagem em algum momento do futuro, deixam muitas vezes de ver os milagres que ocorrem no momento presente.

P.: De que maneira o processo do Corpo de Luz afeta os animais?

R.: Muitas espécies estão optando por deixar o planeta neste momento, porque a consciência dévica preferiu não manter seu tipo específico de corpo no Corpo de Luz. Ela quer algo diferente. Não há nada errado em gostar das outras espécies e se preocupar com elas, mas lembrem-se de que toda consciência sabe o que está ocorrendo.

Na maioria das espécies, o corpo não está sofrendo os sintomas da mudança. Está mudando naturalmente. Elas não precisam integrar seus planos como a espécie humana, porque nunca chegaram a separá-los. A única espécie que tem problemas é o cão doméstico. Os gatos estão bem; sua função é de fato ajudar nesse processo. Eles constituem excelentes canais e o espírito de toda a espécie felina concordou em colaborar com a ascensão dos humanos, de maneira que é muito bom tê-los por perto. Deixem que eles durmam com vocês, se quiserem.

Os cães e os gatos se polarizaram para cooperar com a manutenção dos pólos, respectivamente do velho e do novo mundo. Os cães estão absorvendo uma grande quantidade da energia que está sendo liberada enquanto os gatos estão trazendo energias novas. Parece que os cães estão tendo mais problemas com parasitas, de maneira que precisam de uma atenção maior. Façam a "Invocação da Água" sobre os recipientes de comida e de água dos animais.

P.: As linhas axiotonais são uma propriedade natural de um campo energético equilibrado. De que forma essas linhas contribuem com a manifestação?

R.: É o Espírito que as manifesta. Vocês têm uma ligação com as redes superiores. Através dos pontos giratórios, as linhas axiotonais do corpo de vocês se ligam às redes cristalinas que existem através de todas as dimensões. Assim, quando o Espírito deseja manifestar-se instantaneamente, as linhas são ativadas em todas as dimensões ao mesmo tempo.

Nos padrões do oitavo chakra, as linhas têm que se alinhar numa formação idêntica à da grade cristalina. As linhas axiotonais se ligam por meio do oitavo chakra e seguem para as redes dos diferentes sistemas estelares, tanto deste universo como dos universos de outros sistemas de Origem. O Espírito ativa essas linhas para que a sua própria amplitude se manifeste ainda mais através do corpo que, por sua vez, ativa mais linhas, possibilitando que uma dose maior do Espírito se manifeste por meio dele, e assim por diante.

Bem, quando esse sistema de grades é estabelecido, há uma ativação no décimo primeiro chakra, a passagem para a presença EU SOU. Quando os padrões estão sintonizados e ligados às redes, tem-se a manifestação de todas as qualidades divinas. Mas para fazer isso, a pessoa terá que passar pela Mente Crística Suprema, do contrário, seu corpo será queimado.

Ao passar pelo oitavo nível do Corpo de Luz, vocês se abrem para os códigos da Luz e começam a decifrá-los. Quando não entenderem algo, simplesmente dêem passagem para o Espírito e deixem que os sons atravessem o corpo de vocês. Isso decodificará o conhecimento oculto nas profundezas do campo de vocês. Portanto, simplesmente deixem que os sons passem. O som está vindo das dimensões superiores e o corpo de vocês está sendo usado como instrumento. Vocês não têm que fazer nada; o Espírito faz todo trabalho.

P.: O que significa ter um forte assobio nos ouvidos?

R.: Provavelmente é uma entidade de dimensões superiores tentando entrar em contato com vocês. Fiquem totalmente calmos e digam: "Estou aberto para receber sua mensagem", e deixem que ela venha. Vocês poderão ouvir sons, palavras ou melodias.

O Conselho de *Ein Soph* criou o ritual de quebra consciente de votos para acelerar a limpeza inerente à mutação. Esse ritual removerá todos os cristais etéricos. Pratiquem-no com os amigos de vocês.

A Quebra Consciente de Votos

Diga em voz alta:

"Neste momento, estou quebrando todos os votos que fiz para viver a ilusão da inconsciência. Como portador da Luz de minha linhagem genética, quebro esses votos em meu nome e em nome de todos os meus ancestrais.

Revogo e anulo esses votos destituindo-os de valor para esta encarnação e para todas as outras através do tempo e do espaço, das realidades paralelas, dos universos paralelos, das realidades alternativas, dos universos alternativos, de todos os sistemas planetários, de todos os sistemas de Origem, de todas as dimensões e do Vácuo.

Peço para ser libertado de todos os cristais, mecanismos, formas de pensamento, emoções, matrizes, disfarces, memórias celulares, idéias acerca da realidade, limitações genéticas, bem como da morte. AGORA!

Segundo a Lei da Graça e pelo Decreto da Vitória!

Pelo Decreto da Vitória! Pelo Decreto da Vitória!

Conforme a vontade do Espírito, peço para Despertar! Conforme a vontade do Espírito, estou Desperto!

No princípio, EU SOU O QUE SOU!

B'resheet, Ehyeh Asher Ehyeh!"

"Socorro! Estou Mudando!": O Que Vocês Podem Fazer

Todas as técnicas e processos descritos neste livro visam a Integração da Luz Espiritual. Não são prescrições médicas. Se vocês tiverem algum dos sintomas de mudança mencionados a seguir, consultem um médico.

Alguns desses sintomas precisam ser tratados por um cirurgião espiritual, mas a maioria deles pode ser tratada por vocês mesmos. A pedido de vocês, indicamos qual das poções da *Angelic Outreach* vocês devem usar para cada sintoma específico. A poção "Magnificence" ajuda na maioria dos casos. Independentemente do tipo de sintoma que vocês possam estar sofrendo, sugerimos que façam, antes de mais nada, quatro coisas:

1. "A Unificação dos Chakras", acompanhada da "Invocação da Luz".
2. Higiene Espiritual (descrita a seguir).
3. Firmar-se numa base multidimensional. Imaginem uma grossa linha de Luz começando no chakra Ômega (vinte centímetros abaixo da coluna), subindo pela coluna, passando pelo oitavo chakra, pelo décimo primeiro e indo até o décimo quarto chakra. Firmem-se na amplidão do Espírito, e não no planeta, pois ele também está em mutação. Deixem que o Espírito os estabilize. Mentalizem de sete a doze linhas de Luz descendo do chakra Ômega, e circulando os pés de vocês, de modo a formar um cone. Vocês não estão se firmando na Terra. Estão se estabilizando por meio das realidades paralelas do holograma planetário.
4. Se os três primeiros exercícios não tiverem ajudado, peçam a ajuda do Espírito e dos amigos multidimensionais. Se vocês não pedirem ajuda, não poderemos ajudá-los.

Higiene Espiritual

Sempre que sentirem que estão perdendo qualquer tipo de densidade, pratiquem este exercício, várias vezes por dia se necessário. Visualizem a chama violeta da transmutação e o raio prateado da Graça se fundindo e dando origem a uma linda luz violeta iridescente. Em seguida, visualizem essa luz penetrando no corpo físico de vocês e inundando-os. Depois, levem-na até cada um dos corpos, emocional, mental e espiritual. Coloquem, também, sal marinho na água do banho e mentalizem os raios penetrando nela. Lavem as roupas e os lençóis com um punhado de sal marinho para remover os resíduos energéticos. Como vocês fazem a maior parte da limpeza durante o sono, invoquem os raios para transmutar as velhas energias enquanto estiverem arrumando a cama. Vocês se sentirão muito melhor. (Poções *Universal Detox* e *Home Sweet Home Enviro-pack*.)

A Rede Tripla

Manter o ambiente limpo de energias negativas é essencial — não apenas porque vocês estão passando por uma transmutação e perdendo densidade, mas também porque todos no planeta estão passando pelo mesmo processo. Vocês são afetados pelas energias à sua volta dentro de um raio de no mínimo 800 metros. A técnica da rede tripla é extremamente versátil para criar um ambiente energeticamente limpo e estável em casa, no trabalho ou no carro. Ela está baseada no princípio "se pedir, receberá". É importante que vocês especifiquem o pedido.

Esta técnica requer grupos específicos para realizar as funções que lhes são próprias. As Legiões de Miguel são ótimas para infundir energias numa determinada estrutura e para manter a própria estrutura. Os Anjos da Força Destruidora servem como um sistema cósmico de filtragem de carvão. Eles criam o espaço para a Luz emergir no próximo nível mais elevado. Essas entidades expandem o potencial Divino da Luz e não devem ser confundidas com as Forças Obscuras, que condensam a Luz. O Conselho de Segurança é um ramo da Federação Intergaláctica de Planetas e Estrelas. Sua tarefa é estabelecer, desobstruir e manter as redes de comunicação entre as dimensões e os universos.

Ao realizarem a técnica da rede tripla, vocês devem pedir ao grupo específico que determine o nível da rede, designando sua forma geométrica, tamanho e localização. As redes esféricas são as mais estáveis e fáceis de manter, de maneira que sugerimos que vocês trabalhem com essa forma geométrica ao aplicarem a técnica à maioria dos ambientes comuns (como o domicílio, o carro ou o local de trabalho). Vocês poderão renovar a rede semanalmente ou quando perceberem que a energia já foi gasta.

"Legiões de Miguel: nível um da rede, forma esférica, minha casa. Anjos da Força Destruidora: nível dois da rede, forma esférica, minha casa. Conselho de Segurança: nível três da rede, forma esférica, minha casa."

"Anjos da Força Destruidora, por favor, girem a rede, afastando entidades astrais, freqüências eletromagnéticas desviadas, medo, desarmonia, raiva, influências astrológicas adversas, expectativa, frustração, vírus, fungos, bactérias, preocupações, distorções astrais, mal-entendidos, tristeza, padrões de hostilidade, carência, solidão e tudo o mais que não foi mencionado nesta ou em outra língua, mas que vocês sabem que é nocivo neste momento." (Essas são apenas algumas sugestões. Digam o que for necessário, de acordo com a situação em que estiverem.)

Quando sentirem que a limpeza foi concluída, digam: "Girem ao contrário, as mesmas coisas." Quando sentirem que o processo está concluído, digam: "Parem de girar. Muito obrigado."

"Legiões de Miguel, introduzam na rede energias de Graça, de Fé, de Esperança, de Paz, de Pureza, de Liberdade, de Elohim da Harmonia e da Vitória. Infundam-na com amor, com intimidade, com a Unificação dos Chakras, com centralização, com clareza, com harmonia plena com o Espírito, com tolerância, com comunicação clara, com saúde, com prosperidade, com entrega total ao Espírito, com maestria, com soberania, com a vida no Paraíso e tudo o mais que não mencionei nesta nem em qualquer outra língua, mas que vocês sabem que é necessário neste momento. Por favor, encerrem a rede. Muito obrigado." (Completem o pedido com o que for necessário, de acordo com a situação em que vocês estão.)

"Conselho de Segurança, sintonize as redes para harmonizálas com as redes das dimensões superiores. Afastem todas as distorções e parasitas das redes. Transmitam freqüências para que haja uma melhor comunicação com o Espírito. Encerre a rede. Muito obrigado."

Redes domésticas: Nós usamos uma possível rede doméstica no exemplo acima. Quando criarem essa rede, observem que tipo de energia pode estar afetando vocês negativamente e de que energias vocês precisam para ajudá-los no dia-a-dia.

A casa de vocês fica na rota dos aviões que vão para o aeroporto?, então digam: "Afastem as microondas e as transmissões de radar." Vocês estão sempre brigando muito com o parceiro ou colega de apartamento?, então peçam: "Afastem as mônadas kármicas, a raiva, o ressentimento, os mal-entendidos, as referências ao passado, as imagens telepáticas obsoletas, as entidades astrais..." "Introduzam uma comunicação clara, compaixão, perícia, soberania, intimidade, posicionamento transpessoal, honestidade, amor...".

Vocês moram em um conjunto habitacional com vizinhos pobres, barulhentos e briguentos? "Girem para afastar o ódio, violência, entidades astrais, padrão de hostilidade, pobreza, conflito, desesperança, tensões, karma de outras pessoas, desconsideração, medo..." "Infundam harmonia, providência divina, paz, clareza, amabilidade, respeito..."

Vocês estão em processo intenso de mudança e limpeza? "Girem para afastar a densidade, imagens obsoletas da realidade, conflito, resistência, cansaço, códigos genéticos obsoletos..." "Infundam paz, esperança, harmonia com o Espírito, abandono, Elohim da Graça e da Pureza, exija de mim o que for preciso..."

Peça às Forças Destruidoras que girem continuamente a rede em ambas as direções. Essa rede continuará girando até vocês pedirem a ela que pare. Isso fará com que não se acumule em vocês e ao redor de vocês o que está sendo liberado.

Redes para o carro: A desorientação resultante da fusão dos paralelos e os sintomas causados pela mudança parecem aumentar quando as pessoas estão dirigindo. Muitas vezes elas nem sabem onde estão ou para onde estão indo. É claro que isso pode ser perigoso. Sugerimos a vocês que protejam sempre o carro com uma rede e que a renovem cada vez que saírem de casa. Muitas pessoas acham importante pendurar um cristal de quartzo no espelho retrovisor e infundir as redes no cristal. Ele funciona como um lembrete para renovar as redes. Coloquem simplesmente a mão em volta do cristal e digam: "Renove as redes." Eis algumas sugestões sobre o que pedir:

Coloquem uma rede circular em volta do carro e peçam às Forças Destruidoras que "Girem para afastar de vocês a confusão, a frustração, as influências astrológicas adversas, o karma de outras pessoas, etc...". "Infundam lucidez, serenidade, funcionamento mecânico excelente e uma bolha de realidade estável..." Vocês também podem pedir às Legiões de Miguel que os "conduzam com seus raios" ao seu destino. Não infundam invisibilidade!, pois as pessoas bateriam no carro de vocês.

Redes no local de trabalho: Queremos salientar que a Rede Tripla não pode ser usada para manipular outras pessoas. Ela cria um ambiente onde certas energias são menos acessíveis e outras mais. Se alguém realmente quiser causar sofrimento, poderá; terá apenas que esforçar-se um pouco mais. Vocês estão criando um espaço para melhores possibilidades. No local de trabalho de vocês: "Girem para afastar a competição, o ego, a manipulação dos outros e de si mesmo, o sigilo, o padrão de inimizade, os mal-entendidos, o desrespeito, o individualismo radical, as entidades astrais, o conflito, a frustração, a insatisfação, o medo, a pobreza, a traição, o ressentimento, as imagens telepáticas obsoletas, a impaciência..." "Infundam a honestidade, a integridade, a clareza de visão, a realização, a competência, a soberania, a perícia, a cooperação, a paciência, a Unificação dos Chakras, a alegria, a harmonia, o humor..., etc."

A Rede Tripla pode ser feita em torno de um local sem que vocês estejam fisicamente nele. Procurem fazê-la em volta do *shopping*, do palácio da justiça, do supermercado ou do correio, antes de irem para lá. Talvez fosse divertido colocar e manter essa rede em volta do Congresso, da Casa Branca, do Pentágono e de outros endereços do poder público. Lembrem-se de que ela não pode ser usada para manipular os outros; ela apenas torna determinadas energias mais ou menos acessíveis.

Essa é uma técnica extremamente versátil. Por isso sugerimos que vocês a apliquem na vida cotidiana. A forma esférica é muito estável e fácil de manter. Fiquem dentro dela o tempo todo e será mais fácil viver o Paraíso na Terra.

Dores de Cabeça

Essa é a segunda queixa mais comum provocada pela mudança. Nós a dividimos da seguinte forma:

Dor crônica na cabeça, no pescoço e nos ombros: É causada provavelmente por cristais etéricos — removam-nos! Procurem um médico espiritual com experiência nessa técnica.

Expansão do crânio: Se vocês estão notando inchaços, protuberâncias e pressões no crânio, provavelmente é porque o cérebro de vocês está aumentando. Com as mãos, separem as partes da caixa craniana. Isso normalmente ajuda, mas caso contrário, procurem alguém especializado em terapia *craniossacral*.

Pressão entre as sobrancelhas: Sentem-se como se alguém estivesse apertando com o dedo a região entre as sobrancelhas de vocês. E é exatamente isso que vocês devem fazer para aliviar a pressão. Pressionem a região com o dedo por algum tempo. Normalmente, o alívio é imediato. Isso ocorre em conseqüência da expansão da glândula pineal. Essa técnica também funciona para aliviar a pressão na parte de trás e superior do crânio (expansão da glândula pituitária) e a pressão no topo da cabeça, no meio da parte de trás (a quarta visão).

Dor muito forte na base do crânio: Isso é o que chamamos de dor de cabeça "*em construção*". A maioria das pessoas é condicionada a contrair o corpo e os corpos energéticos quando sente uma dor muito forte. Neste caso, se vocês fizerem isso, a dor aumentará. Coloquem as mãos sobre as orelhas. Agora, imaginem que ao afastar as mãos do corpo, também estarão empurrando os corpos energéticos para fora da cabeça. Isso parece estranho, mas muitas vezes funciona.

Dores de cabeça muito fortes causadas pela mudança, e que não foram solucionadas com nenhum dos procedimentos anteriores:

1. Informem ao "eu" de vocês que se encontra na quinta ou na sexta dimensão, e que está efetuando esse trabalho, que você está sentindo dor. O "eu" no Corpo de Luz não sente a dor física de vocês; portanto, peçam a ele para eliminá-la.
2. Peçam para que liberem endorfinas que são sedativos naturais do cérebro. Normalmente, vocês sentem que as endorfinas são produzidas imediatamente e a dor é amenizada na hora.
3. Comprem um pouco de dioptásio. Esse mineral tem cristais verde-escuros sobre uma base original. Descobrimos que ele opera milagres.
4. *Mystical Articulation* e *Divine Expression* são poções eficazes para aliviar todas as dores de cabeça causadas pelo processo de mudança: Elas removem muito rapidamente esses tipos de dor de cabeça.

Sintomas semelhantes aos da gripe: Essa é a queixa mais comum, porque, como vocês estão perdendo densidade, se não conseguem transmutar a perda, ela terá que sair de alguma forma. (Experimentem as poções *Magnificence, Subatomic Tonic* e *Universal Detox*.)

Náusea e vômito: Esses sintomas são comuns nas pessoas que têm muito medo alojado no corpo. Surge muitas vezes uma grande quantidade de muco no corpo quando a pessoa está se livrando do medo. Façam a "Invocação da Água" sobre a comida e a bebida. Se isso não ajudar, tentem vomitar. O alívio provavelmente será imediato. Outra coisa que pode causar náusea é a rotação muito rápida dos corpos energéticos. É como o mal-estar causado pelo movimento. Se vocês estenderem as mãos e pedirem aos campos energéticos que desacelerem, eles farão isso. Desacelerem deliberadamente os campos energéticos. Se vocês estão removendo material da consciência genética humana do corpo de vocês, podem estar sentindo muita náusea e vomitando energia. (Usem a poção *Pathcutter* se estiverem removendo material genético.) Isso é muito comum. Há também um orifício no esterno no qual vocês podem sentir um bocado de pressão. Procurem visualizá-lo como a abertura de uma câmara-de-ar que vocês abrem e deixam a energia sair para fora do corpo. Acontece a mesma coisa com as dores de cabeça. Há outro orifício no meio da nuca. Se vocês sentirem muita pressão na cabeça, abram-no como se fosse a abertura de uma câmara-de-ar e a pressão sairá como o jato de água de um extintor de incêndio, aliviando grande parte da pressão no pescoço e nos ombros.

Diarréia: Notamos que as pessoas com muita raiva reprimida costumam ter diarréia. Nesse caso, também, façam a "Invocação da Água". Talvez vocês simplesmente tenham que se acostumar a isso, pois algumas pessoas passam por esse problema cada vez que o corpo delas recebe uma dose de luz.

Dores musculares e nas articulações: As pessoas que sofrem desses sintomas normalmente são as que apresentam muita resistência. Eles são também muito comuns após uma "passagem" ou um forte descenso. Podem ser reações de rejeição no nível celular. Às vezes, se parecem com a artrite reumática. Tomem cápsulas de óleo de peixe "*Ômega 3*". Parece que elas lubrificam o corpo. Imaginem-se também deitados num mar de Luz com a cabeça voltada para a margem. Quando as ondas passam sobre o corpo, elas trazem Luz para dentro dele. Quando elas refluem, levam consigo as resistências. (Poções *Surrender*, *Universal Detox*, *Ecstasy*.)

Febres e Suores: Muitas pessoas apresentam só esses sintomas da gripe. Às vezes, a febre pode ser muito alta. A pele pode ficar bem vermelha. São comuns quando os corpos energéticos da pessoa estão vibrando em desequilíbrio com o corpo físico. Há duas maneiras de tratar do problema:

1. Diminuir as vibrações dos campos energéticos desacelerando sua rotação ou imaginando-as mais rápidas.
2. Procurar deliberadamente aumentar a vibração do corpo para que a febre aumente. Em qualquer um dos casos, vocês devem sentir um "estalo" quando elas se normalizarem e a temperatura deve cair imediatamente. A maioria das pessoas acha que fazer subir a temperatura ajuda. É mais fácil do que fazê-la baixar.

Fadiga: Tem várias causas. A pessoa pode estar reavaliando ou trabalhando intensamente durante o sono. Nesse caso, respeitem a perda de energia e repousem. Se ela continuar, peçam ao Espírito uma noite de repouso. Observem se o corpo está em processo de purificação. Talvez vocês precisem de uma desintoxicação física para ajudar o corpo a perder densidade. (Poções *Universal Detox, Fire of Purpose.*)

Outros sintomas físicos

Vibrações durante a meditação ou ao despertar: Isso é parte natural do processo para o Corpo de Luz, mas é, às vezes, muito alarmante no início. Significa simplesmente que a vibração está aumentando. Relaxem e aproveitem.

Dor bem no centro do esterno: Normalmente, é o chakra do coração se abrindo para um outro nível. Respirem e invoquem o Raio Prateado da Graça para dentro do coração. Em seguida, abram deliberadamente o chakra do coração. Continuem respirando e abrindo-o até a dor passar. O chakra do coração é a passagem para as múltiplas dimensões. Ele pode estar como uma porta enferrujada que precisa ser lubrificada. (Poções *Alignment, Ecstasy, Love Potion nº 9.*)

Dor lombar e pélvica: Se vocês estão no oitavo ou no nono nível do Corpo de Luz, ou estão em transição, a dor pode ser causada pela maximização da abertura para a Divindade de sétima dimensão. Procurem um cirurgião espiritual. (Poções *E3, Subatomic Tonic, Ecstasy, Heavenly Body.)*

Formigamento ou adormecimento nas mãos e nos braços: Esse sintoma às vezes prolonga-se por até quatro meses. Muitas vezes isso ocorre porque as estruturas do Corpo de Luz são dispostas para ativar a capacidade de cura espiritual ou habilidades cirúrgicas. Normalmente isso ocorre apenas com os Obreiros da Luz que têm essa missão como parte de seu Propósito Divino. Vimos também muitas mudanças desse tipo no sistema nervoso no oitavo nível do Corpo de Luz, quando esse sistema passa a ter de assimilar um número muito maior de impulsos do Corpo de Luz. Se vocês perceberem que os pés ou as mãos adormecem mesmo enquanto estão em movimento, é hora de fazer um ajuste no cérebro. A glândula pineal emite freqüências tonais e eletromagnéticas que ajudam a regular os impulsos elétricos no sistema nervoso autônomo, bem como o impulso dos fluidos da coluna em todos os tipos de ritmo do corpo. Se, por alguma razão, o impulso vindo da glândula pineal para a base do crânio e para a coluna é de alguma maneira interrompido, surgem problemas no sistema nervoso e a pessoa pode até perder a força nas mãos. Pode também ter profundos espasmos musculares quando está adormecendo. Sente-se quase como se as extremidades dos nervos estivessem sendo puxadas para trás. Isso pode ser extremamente desconfortável. Se colocarem o dedo entre as sobrancelhas, vocês estarão pressionando aquilo que é conhecido como ponto Ajna, o ponto relacionado com a glândula pineal no cérebro. Coloquem o dedo da outra mão bem no meio da base do crânio. Levem a atenção para o centro do cérebro. O que vocês vão perceber, se estão tendo esse problema no sistema nervoso, é uma faixa de Luz, que vai do centro até a raiz do cérebro, e que se parece com um raio ou com uma corrente elétrica. Comecem a inspirar ar para dentro dela, diminuindo o ritmo até ela parecer um raio *laser* branco-azulado e da espessura de um lápis. Depois disso, vocês começam a vibrar Luz. O Espírito ajustará as vibrações ao ritmo que vocês necessitam e vocês sentirão todo o corpo e o sistema nervoso relaxarem. Continuem fazendo isso até se sentirem totalmente relaxados. Normalmente leva mais ou menos um minuto. (Poções *E3, Service One-on-*One, *Mystical Articulation, Merkabah*.)

Mudança de hábitos alimentares: É possível que vocês tenham vontade de comer estranhas combinações de alimentos. O corpo físico pode, mais do que nunca, estar precisando de vários nutrientes em diferentes proporções. Lembrem-se de que ele está passando por mudanças no nível celular. Portanto, joguem fora os manuais de dieta. Outra sensação comum é a de fome ou insatisfação, independentemente do que e da quantidade que vocês comem. O corpo está começando a precisar de Luz como nutriente. Em primeiro lugar, façam a Invocação da Água sobre tudo o que comerem e beberem. Em segundo, saiam ao ar livre e elevem as palmas das mãos para o sol. Façam um triângulo com os dedos, com os polegares formando a base, e os indicadores o vértice. Esse é um triângulo energético. Invoquem a Luz que está por detrás do espectro de luz visível. Sintam-na penetrar pelas palmas das mãos. Passados de dez a vinte minutos, vocês se sentirão "saciados", como se tivessem feito uma boa refeição. (Poções *Heavenly Body, Ecstasy*.)

Mudanças sensoriais e perceptivas: À medida que avançam no processo do Corpo de Luz, vocês passam por muitas mudanças no modo de perceber o mundo. Os sentidos ficam mais apurados e abrem-se para os dons mediúnicos que se escondem atrás deles. Também abre-se a percepção multidimensional. Eis alguns dos sintomas mais comuns:

- *Absorção excessiva pelos sentidos:* Às vezes, um ou todos os sentidos físicos ficam mais apurados subitamente. Se isso os incomodar, concentrem-se num dos sentidos, procurando intensificá-lo ao máximo, ao mesmo tempo que reduz um pouco todos os outros. Isso normalmente os leva de volta ao equilíbrio. (Poções *Divine Expression, Magnificence, Gifts of the Holy Spirit.*)

- *Sensação de estar sem chão ou flutuando:* Firmem-se na multidimensionalidade. Também ajuda se vocês concentrarem toda a atenção nos pés. Procurem sentir a textura do que estiver sob os pés. Essa prática os traz de volta para o corpo. (Poções *Fire of Purpose, E3.*)
- *Ansiedade leve, tontura e falta de jeito:* O cérebro está abrindo suas percepções através dos múltiplos paralelos. O corpo está começando a sentir que talvez ele possa existir em mais de uma realidade ao mesmo tempo. Se vocês acharem que a concentração nos pés não está funcionando, visualizem um fio saindo do chakra Ômega, vinte centímetros abaixo da coluna, subindo pela coluna, até os chakras superiores, e ligando-os com a amplidão, com o Espírito. Visualizem de sete a onze linhas de Luz descendo do centro do chakra Ômega e abrindo-se em volta dos pés em forma de um cone. Vocês não estão se firmando na Terra, mas estabilizando-se sobre as realidades paralelas do holograma planetário. Para o corpo físico, abrir a percepção sobre os paralelos é como estar num verdadeiro terremoto. Coloquem-se no vão de uma porta e firmem-se nos batentes. A reação instintiva do corpo costuma acalmar-se imediatamente. Essa prática normalmente ajuda, mesmo nos casos mais graves. (Poções *Serenity, Mastery, Planetary Service, Divine Mother, Divine Expression.*)
- *Sensação de que os objetos se movem, se fundem ou tremem:* Essa é uma sensação comum quando se passa para a visão multidimensional. Vocês podem estar começando a perceber o movimento dos átomos em todas as coisas, realidades paralelas, correntes energéticas no ambiente ou fenômenos de clarividência. Se isso os perturbar, lembrem-se de que o corpo físico en-

contra-se "AGORA" neste paralelo da realidade tridimensional e que vocês podem usá-lo para *re-centrar* a consciência. Simplesmente agucem qualquer um dos sentidos físicos, exceto a visão, e o corpo os levará de volta para a realidade diária de vocês. Concentrar-se nos pés, como vimos no parágrafo anterior, também ajuda muito. (Poções *Mystical Articulation, Subatomic Tonic, Magical Visions, Love Potion nº 9.*)

- *Visão embaçada:* Às vezes, quando vocês abrem os olhos depois de uma meditação profunda, o quarto parece estar nublado. Vimos pessoas ficarem totalmente cegas. Isso significa que vocês estão entre a visão física e a visão clarividente ou multidimensional. Ela não está nem em uma nem em outra. Para fazê-la voltar ao normal, procurem bocejar. Bocejar é um meio pelo qual vocês podem fazer o corpo e a consciência passarem pelas diferentes freqüências energéticas. Vocês podem recorrer conscientemente ao bocejo para mudar os níveis de percepção. Fechem os olhos e bocejem com a intenção de trazer a visão de volta para esta realidade tridimensional. Ou fechem os olhos e bocejem com a intenção de fazer a visão passar para outros níveis sensoriais ou para outras dimensões. O nervo ótico está precisando assimilar muitos impulsos com os quais ele jamais lidou. A visão embaçada é algo muito comum, especialmente no oitavo nível do Corpo de Luz. Se vocês acham que não conseguem encontrar nenhuma distância confortável para focalizar os olhos, sugerimos que **não** comprem óculos. Em geral, depois de uma semana a visão volta a ficar embaçada. A visão física está muito ligada às percepções do corpo mental. À medida que entram novas percepções através do cérebro e do corpo espiritual, é muito natural que parte da visão física desapareça já que o corpo mental passa a ser menos predominante. Mas a visão voltará. Pode levar alguns meses, mas normalmente volta. (Poções *Mystical Articulation, Subatomic Tonic, Magical Visions, Love Potion nº 9.)*
- *Dislexia auditiva:* É muito comum no oitavo nível do Corpo de

Luz. A assim chamada "dislexia auditiva" ocorre quando vocês ouvem alguém falar e conseguem ouvir as palavras, mas o cérebro parece não conseguir captar-lhes o sentido. O funcionamento do cérebro está se tornando não-linear. A capacidade de transpor o pensamento não-linear para a linguagem linear pode ainda não ter-se tornado acessível. Existem níveis do Corpo de Luz em que, por alguns breves instantes, parece que as pessoas estão falando outra língua, embora se saiba que não. Isso pode ser assustador, uma vez que o corpo mental pode emitir sinais de pânico e medo de estar enlouquecendo. Vocês estão ficando cada vez mais sensíveis às energias das pessoas. Neste planeta, o que a maioria das pessoas expressa verbalmente não tem nada a ver com o que dizem energeticamente. A maioria delas não sabe que está mentindo ou não sendo sincera. Vocês estão se tornando tão sensíveis às energias das outras pessoas, que não conseguem mais decodificar suas mentiras verbais. A dislexia auditiva ocorre por um breve período enquanto se desenvolve a capacidade para traduzir a Mente Universal e a capacidade para perceber a verdade em si mesmos e nos outros. Respirem e riam enquanto aguardam novas instruções. (Poções *Mystical Articulation, Transpersonal Transformation*.)

- *Sinais, sons, música ou "código Morse" eletrônico nos ouvidos:* Podem ser zumbidos ou pode ser uma transmissão da Luz Superior. Sugerimos que relaxem e simplesmente deixem que o fenômeno passe. Não se preocupem em entender os sons; a capacidade de traduzi-los virá com o tempo. (Poções *Mystical Articulation, Surrender, Yod, Gifts of the Holy Spirit*.)

Perda da Memória: Faz parte do processo do Corpo de Luz. Quando vocês começam a viver cada vez mais no "AGORA", o passado vai deixando de ser referência para vocês. Isso pode manifestar-se em forma de incapacidade para recordar o padrão kármico ou simplesmente o que comeu no café da manhã. Muitas pessoas vivem com o medo secreto de que talvez estejam nos estágios iniciais da doença de Alzheimer. Algumas podem de fato estar com essa doença, mas a grande maioria está simplesmente vivendo mais no presente. Essa ruptura com o passado pode ser extremamente libertadora. Agarrar-se ao passado aumenta o medo da mudança. Vocês percebem o quanto de energia é gasto para preservar o passado, com recordações e ruminações sobre "como poderia ter sido" ou para prosseguir do jeito que sempre foram. Algumas pessoas acham também muito difícil planejar o futuro. E essa dificuldade pode também perturbá-las, uma vez que esquecem os compromissos assumidos. O velho mundo não pode funcionar sem que se viva no passado, na expectativa do futuro e atrás do relógio, se não de um cronômetro. No novo mundo que está emergindo, as pessoas viverão de acordo com o Espírito, desfrutando o momento presente. Quando vocês estão inteiramente no presente, estão literalmente "no mundo" e não são "do mundo". Vocês vivem num mundo separado dos outros seres. (Poções *Alignment, Mystical Articulation, Surrender, Yod.*)

Arrogância espiritual, ambição espiritual e depressão maníaca espiritual: Quase todo mundo tem esses problemas em algum momento do processo do Corpo de Luz, normalmente no sétimo, no oitavo e no nono nível. Eles se manifestam pela tentativa de negar ou de escapar da culpa, da vergonha, dos instintos de preservação e dos sentimentos de separação retidos no corpo físico. A arrogância espiritual e a ambição espiritual são defesas do ego e, infelizmente, a pessoa raramente sabe (ou admite) que as tem. (Poções *Mastery, Transpersonal Transformation, Alignment, Planetary Service, Quantum Wealth, Surrender, Magical Visions, Love Potion nº 9.*)

Lâmpadas queimadas e problemas nos aparelhos eletroeletrônicos: Em vários momentos do processo do Corpo de Luz, vocês se dão conta de que estão comprando uma quantidade incrível de lâmpadas. Percebem que elas tendem a queimar-se ou vibrar quando vocês estão por perto. A imagem pode desaparecer da tela da televisão ou apenas "chuviscar" quando vocês passam na frente do aparelho ou simplesmente estão na sala. Os alto-falantes podem ficar com "estáticas" quando vocês se aproximam. Essas pequenas perturbações são causadas pelas mudanças do corpo eletromagnético de vocês, no campo da aura. Durante o processo do Corpo de Luz, o corpo eletromagnético sofre várias distensões. Lamentamos, mas não sabemos de nenhum meio que possa ajudá-los, a não ser que harmonizem a energia de vocês com a dos objetos. Com o aparelho desligado, tentem fundir os campos energéticos com ele. É muito comum ocorrer problemas com as freqüências eletromagnéticas. Vocês podem ficar muito mais sensíveis a elas. Talvez sintam-se como radares que captam as ondas eletromagnéticas ou como coisas saindo da televisão. Procurem realizar a prática de fundir a energia com a do aparelho. (Poções *E-3, Subatomic Tonic, Yod*.)

As Poções

Ouvimos muitos Obreiros da Luz exclamarem: "Eu gostaria de ter essa energia/entidade/qualidade/capacidade num frasco!" Foi o que fizemos. Ouvimos os pedidos de vocês, observamos as energias planetárias que estão causando impacto sobre vocês agora e no *futuro recente*,* e criamos as seguintes poções para ajudá-los.

No passado, essas poções incluíam pedras preciosas, flores, gases rarefeitos, elixires e essências de luz estelar em proporções específicas. Adicionávamos a cada poção as qualidades das dimensões superiores que lhe eram apropriadas. O principal objetivo desses

* Futuro recente é uma expressão de Ariel para designar o tempo não-linear.

ingredientes era fazer descer para o corpo físico e tornar mais sutis as freqüências mais elevadas.

No dia 30 de maio de 1994, ocorreu uma mudança radical no Plano Divino para o planeta Terra. O tempo para a ascensão foi alterado e, devido a essa mudança, achamos apropriado tomar as poções em forma de freqüência pura. Não vamos mais usar as essências e elixires para estabelecer uma ponte e purificar as energias. Os corpos de vocês já estão preparados para absorver diretamente as freqüências das dimensões superiores.

Essas poções são feitas com água pura destilada e inspiradas ou infundidas por vários membros do Conselho de Ein Soph. Elas são mais fortes do que as antigas receitas e achamos que vocês vão gostar mais delas.

— Da Fonte, a serviço da Fonte,
Ariel Elohim pelo Conselho de Ein Soph ("a Tripulação")

> Todas as poções descritas abaixo são exclusivamente para uso espiritual. Elas não são medicamentos e não devem ser tomadas como remédios.

Alignment

Essa poção serve para ligar todas as partes de vocês com a Probabilidade Única, com o Espírito, com a Terra e com a humanidade. *Polaria, Vitória e Elohim da Harmonia* infundem suas energias a essa poção.

Divine Expression

Essa poção ajuda a abrir todas as partes de vocês para a criatividade e para a expressão do Espírito, especialmente para a música. Algumas pessoas acharam que ela é muito eficaz para o alívio de todos os tipos de ansiedade e medo. Frasco infundido por *Coronis.*

Divine Mother

Ajuda a ter acesso às freqüências femininas da divindade. Nutre o corpo. Contém as energias do conforto emocional, da compaixão e da nutrição espiritual. Alivia os sentimentos de "saudade cósmica". Essa poção é infundida pelas representantes do Ofício da Mãe Divina: *Ísis, Mãe Maria, Quan Yin, Krzani e TaMa.*

Ecstasy

Desenvolve as capacidades de todos os corpos para o Êxtase Divino. Ajuda as estruturas de quinta, de sexta e de sétima dimensões a fazerem a plena intermediação, "trinitizando" todas as polaridades, e ajuda a despertar a energia da Kundalini. Essa poção é infundida por: *Ísis, Osíris, Polaria, Harmonia e Elohim da Graça.*

E-3 (Essential Evolutionary Encodements)

Essa poção ajuda na integração das múltiplas espécies e dos códigos dos múltiplos universos no DNA. Esses códigos genéticos já foram ativados e as orientações multiuniversais estão começando a desenvolver-se e a manifestar-se. A poção E-3 ajuda a integrar as percepções e orientações extraterrestres à humanidade de vocês (e, em escala maior, ao holograma da vida no planeta Terra). Ela permite que o corpo mental de vocês siga o Espírito com facilidade, abra os sistemas fechados e integre um senso maior de identidade. Ela desenvolve um sentimento de inter-relação com o universo e uma consciência de si mesmo em outras espécies em outros planetas em ascensão, dentro e fora do Amor universal. Ela possibilita que vocês reconheçam a própria essência, além do contexto cultural humano. Ela diminui a centralização no humano e a xenofobia, possibilitando que vocês tenham acesso a outras funções do cérebro, bem como a percepções e capacidades não-humanas. Vocês tornam-se pontos de coordenação para a ascensão através dos sistemas dos universos múltiplos, dos planetas múltiplos e dos tipos de espécies múltiplas, e manifestam verdadeiramente a natureza essencial de vocês através da forma humana que têm. Infundida por todo o *Conselho de Ein Soph.*

Fire of Purpose

Para ter acesso à parcela de vocês no Plano Divino e manifestá-la com clareza, concentração e alegria. Frasco infundido por *Aru Kiri*.

Gifts of the Holy Spirit

Prepara o corpo para receber as dádivas do Espírito Santo. Ajuda ter acesso ao nível crístico da *Mente Suprema* e a manifestá-lo aqui. Atua como uma freqüência intermediária para a presença do EU SOU. Infundida pelo *Espírito Santo Shekhina.*

Group Synergy

Fortalece as sinergias e as cadeias evolutivas. Permite que o grupo se concentre nas suas metas e visões e entre em contato com elas. Esse frasco é infundido com a *Consciência Crística*.

Heavenly Body

Criada para ajudar a trazer a visão do corpo perfeito ao corpo físico de vocês. *Heavenly Body* é útil para quem quer recriar seu corpo com uma saúde melhor, alterando seu tipo físico ou peso, propiciando novos movimentos, capacidades ou graça ao corpo. *Heavenly Body* indicará rapidamente o que exatamente está mantendo o corpo de vocês em uma determinada forma ou movimento, além de ajudá-los a dar forma aos pensamentos. Ótimo para os dançarinos, artistas, praticantes de artes marciais, cenografistas, atletas, etc. Infundida por ZeOr.

Home Sweet Home Enviro-pack

Todos precisam manter a casa energeticamente limpa e segura. O pacote ambiental é composto de três partes. A primeira, "Limpeza", é designada para remover padrões de pensamentos obsoletos, emoções, resíduos astrais, entulhos e velhas energias em geral. A segunda parte, "Proteção", protege o espaço após a limpeza e tem como propósito manter o ambiente como um porto seguro para vocês enquanto Mestres. Ela os ajudará a manter o corpo em harmonia e em unidade, e a comunicação com o Espírito desobstruída. A terceira parte é uma mistura de sais sagrados do próprio Tachi. Usem-na para proteger as portas e janelas da casa. Ela ajudará a manter fora do espaço vital de vocês as influências astrais e outras energias negativas. O pacote ambiental vem em uma bolsa própria com as devidas instruções. Ele é infundido por *Elohim da Pureza, Uriel e Aru Kiri.*

Love Potion nº 9

Ajuda a abrir o chakra do coração para níveis cada vez mais profundos. Ajuda a dissolver as couraças desse chakra, aliviando com isso grande parte das dores no peito e nas costas. Expande a capacidade para sentir e expressar o Amor incondicional. Infundida por *Elohim Miguel e o coletivo dos Anjos Dourados.* Uso livre.

Magical Visions

Abre a visão da Criança Mágica. Ajuda-os a transformar rapidamente a "realidade" de vocês numa perspectiva de magia, de milagre e de brincadeira. Abre-os para a percepção da beleza e dos prodígios do Plano Astral Superior. Os reinos das fadas e dos duendes estão nos auxiliando a ascender para a quarta dimensão; por isso, seus representantes ajudaram a infundir essa poção: *Arianna, Pan, Lightning Bolt, Skorm, Alia na Morigan, El Veron, o Merlin e Elohim da Esperança.*

Magnificence

Para a integração de novas freqüências em todos os corpos. Essa poção alivia todos os sintomas de mudança e descenso, além de possibilitar que o corpo desfrute do processo de tornar-se Luz. Infundida por *Quan Yin e Polaria.*

Mastery

Essa poção serve para ajudar a manifestar a identidade e a visão de quinta dimensão. Viver como Mestres exige que estejamos o tempo todo participando da criação do Paraíso na Terra. Infundida por *Ariel e Serapis.*

Merkabah

Abre, equilibra e nivela todas as rotações das geometrias *Merkabah*. Ajuda-os a entender as funções do veículo *Merkabah*. Ajuda na respiração centrada e prânica e também a estabelecer contato plenamente consciente com o Espírito. Essa poção é infundida por *Melquisedec, Miguel, Uriel e Metatron.*

Mystical Articulation

Estimula o biotransdutor para o acesso e tradução dos códigos da Luz. Abre a mente consciente para as percepções multidimensionais. Particularmente recomendada para as pessoas que não conseguem lembrar ou não obtêm muito da meditação. É também eficaz para o alívio das dores de cabeça sintomáticas da mudança e dos efeitos da baixa produção de endorfinas. Eficaz contra todos os sintomas do oitavo nível do Corpo de Luz. Fórmula de *Merlin e Metatron*.

Pathcutter (anteriormente Phoenix)

Essa é uma fórmula para a liberação das células. Ela facilita a expressão e soltura das emoções, da densidade, dos instintos de sobrevivência e dos padrões kármicos aprisionados no corpo físico e em volta dele. Usem-na com muita parcimônia e sob a orientação do Espírito. Muito forte, mas ajuda muito. *Elohim da Pureza* infunde essa poção.

Planetary Service

Essa poção foi criada para as pessoas cujo propósito é trabalhar com o planeta, com as redes planetárias, com os continentes e com tudo que for vasto. Ela ajuda o Corpo de Luz libertar-se das ambições de poder. Ajuda-o a trazer energias e percepções multidimensionais para o corpo físico, a fim de que a Luz atue de modo mais eficaz. Ao mesmo tempo que fortalece a capacidade para passar de um nível de consciência para outro, contém elementos que reduzem a arrogância espiritual, a ambição espiritual e mantém a compaixão pelos outros. Reduz a dissonância cognitiva entre as orientações pentadimensionais e as manifestações tridimensionais. A equipe médica composta por *ZeOr/Quan Yin/ Uraeus* infunde essa poção.

Quantum Wealth

Também conhecida como FMI (Fluxo Monetário Interdimensional), essa fórmula foi criada para ajudar a integrar em todos os níveis o conhecimento de que o Espírito é o provedor de todos os recursos. Ajuda a pessoa a entregar-se ao fluxo quântico da abundância. Essa poção foi infundida por *Aru Kiri, Elohim da Vitória e da Fé.*

Serenity

Essa poção foi criada sob os auspícios de *Elohim da Paz e da Vitória*. Sua finalidade é ajudá-los a ficar centrados e calmos em meio a qualquer tipo de mudança radical, seja ela pessoal, global ou planetária. Ela alivia o choque e o trauma causados pela transformação. *Serenity* afasta o medo e a tendência a concentrar-se nas possibilidades negativas ou destrutivas. Ela ajuda a perceber a perfeição do Plano Divino em todas as coisas e a viver o Paraíso na Terra enquanto o Espírito o cria ao seu redor.

Service One-on-One

Criada para as pessoas que fazem um trabalho terapêutico, essa poção atua como tônico para o desgaste físico: mantém abertas as linhas axiotonais e com suave fluidez para esse tipo de trabalho. Mantém o corpo em equilíbrio com quaisquer freqüências que surjam no atendimento às pessoas e contém elementos que ajudam a sentir empatia e perceber claramente a energia do paciente sem interferir nela. Aumenta a capacidade de diagnosticar e orientar os pacientes. Contém ingredientes que aliviam as mônadas kármicas (curador/curado, facilitador/facilitado, salvador/salvo, guru/discípulo). Ajuda na relação com os pacientes de modo transpessoal e a manter a perspectiva de quinta dimensão. Infundida por *Quan Yin e Adama Rex.*

Subatomic Tonic

Essa poção é para a integração molecular de um novo oitavo do Espírito. Tomei essa poção para ajudar o despertar e a integração do teletransporte, da condução e do deslocamento, bem como da manifestação dos Dons do Espírito Santo. Deve ser tomada com muita parcimônia e sob a orientação do Espírito. Essa poção foi infundida pelo *Espírito Santo Shekhina*.

Surrender

Essa poção ajuda a atravessar o Limiar do Despertar pela entrega ao Espírito. Ela ajuda a dissolver os sistemas fechados, as estruturas de defesa do ego, a negação e a resistência. Infundida por todo o *Conselho de Ein Soph*.

Transpersonal Transformation

Esse elixir ajuda o corpo físico e o emocional a passar das relações pessoais para as transpessoais. Ele é especialmente eficaz para as relações amorosas e familiares. Com energias infundidas por *Elohim da Graça e El Veron*.

Universal Detox

Criado sob os auspícios de *Elohim da Graça e da Pureza*, ele permite que os corpos abandonem a resistência às mudanças, remove os vícios, aumenta a vitalidade, ajuda a pessoa a sentir-se nutrida, equilibra os princípios yin/yang, promove a mudança sem negação e estimula uma nova visão da saúde. Remove as toxinas dos corpos espiritual, mental e emocional, tais como emoções e pensamentos destrutivos, ondas *E.L.F.*, microondas, vínculos, votos, decisões passadas com respeito à saúde, formação de hábitos, distorções *4-D* e idéias de outras pessoas. Remove resíduos tóxicos dos padrões etéricos. O *Universal Detox* deve ser usado com muita parcimônia e acompanhado de um bom programa de desintoxicação física.

Yod

Contém as energias da realização, da purificação e da mobilização. Tomar essa poção é algo como regular o carro e colocá-lo em ponto morto — ligado e pronto para partir. Essa poção é designada para a Fase I: *Programa YOD, P.H.O.E.N.Y.X. O.F. Y.A.H. K'or Takh e o Grupo Takh* infundiram essa poção.

Todas as poções descritas aqui são exclusivamente para uso espiritual. Elas não são medicamentos e não devem ser tomadas como remédios.

Invocações

Introdução

Caros Obreiros da Luz,

Apresentamos as seguintes ***Invocações*** para ajudá-los nesta vida sobre o planeta Terra. Existem de sete a oito milhões de Obreiros da Luz encarnados neste momento para ajudar o planeta Terra a ascender para as dimensões da Luz.

Estas ***Invocações*** têm o propósito de ajudá-los no processo de desenvolvimento do Corpo de Luz, de materialização do Espírito, de cura e equilíbrio dos corpos, bem como a trilhar a Senda da Alegria.

A técnica de Unificação dos Chakras é mais eficaz se praticada várias vezes por dia até tornar-se natural. Ela desenvolve o Corpo de Luz, integra corpo e Espírito e permite viver a vida com um máximo de perceptividade e um mínimo de *stress*.

A "Invocação da Luz" proporciona uma grande alegria àqueles que a fazem diariamente. Aumenta um pouco a vibração, enquanto ajuda a pessoa a abrir-se para freqüências mais elevadas de Luz. É uma declaração dos propósitos de vocês como Obreiros da Luz.

A "Invocação da Água" é usada basicamente sobre a comida e a bebida para elevar o nível de sua vibração. Também pode ser feita sobre a água do banho, ao tomar uma ducha, na piscina, na banheira de água quente, na gasolina, nas tintas, etc. A maioria das pessoas faz a Invocação para atrair graça para as refeições.

As Invocações dos Raios têm muitas finalidades: cura de si mesmo e dos outros, abertura para dimensões superiores, acesso a informações e energias, para proteção e transformação. Sugerimos que se familiarizem com essas emanações da Luz. Aconselhamos também que combinem o Raio Prateado da Graça com qualquer outro raio que estiverem visualizando, possibilitando que ele se torne iridescente e cintilante!

As Invocações das Qualidades podem ser feitas juntamente com as dos Raios. Elas correspondem a um aspecto da Emanação. Elas também podem ser feitas isoladamente, quando desejarem cultivar uma determinada qualidade em vocês mesmos ou no espaço que os circunda.

Essas Invocações são expressões codificadas. Isso quer dizer que há camadas de energia sob cada palavra. Por isso, recomendamos que não troquem as palavras.

Agradecemos a vocês por estarem presentes no planeta nesta hora. É maravilhoso vê-los servir com devoção à Luz.

Para receber nossa ajuda, é só pedir. Nós os amamos e estamos sempre com vocês.

Da Fonte, a Serviço da Fonte,
— Arcanjo Ariel

INVOCAÇÃO DA UNIFICAÇÃO DOS CHAKRAS

Eu inspiro Luz
Através do centro do meu coração,
Tornando o meu coração
Uma linda bola de Luz,
Que me permite expandir.

Eu inspiro Luz
Através do centro do meu coração,
Deixando que a Luz se expanda,
Envolvendo o meu chakra da garganta
E o meu chakra do plexo solar
Para formar um campo unificado de Luz
Dentro, através e em volta do meu corpo.

Eu inspiro Luz
Através do centro do meu coração,
Deixando que a Luz se expanda,
Envolvendo o meu chakra da testa
E o meu chakra do umbigo
Para formar um campo unificado de Luz
Dentro, através e em volta do meu corpo.

Eu inspiro Luz
Através do centro do meu coração,
Deixando que a Luz se expanda,
Envolvendo o meu chakra da coroa
E o meu chakra da base
Para formar um campo unificado de Luz
Dentro, através e em volta do meu corpo.

Eu inspiro Luz
Através do centro do meu coração,

Deixando que a Luz se expanda,
Envolvendo o meu chakra Alfa
(Vinte centímetros acima da minha cabeça)
E o meu chakra Ômega
(Vinte centímetros abaixo da minha coluna)
Para formar um campo unificado de Luz
Dentro, através e em volta do meu corpo.
Deixo que a *Onda de Metatron*
Mova-se entre esses dois pontos.
EU SOU uma unidade de Luz.

Eu inspiro Luz
Através do centro do meu coração,
Deixando que a Luz se expanda,
Envolvendo o meu oitavo chakra
(Acima da minha cabeça)
E a parte superior de minhas coxas
Para formar um campo unificado de Luz
Dentro, através e em volta do meu corpo.
Deixo que o meu corpo emocional se funda
Com o meu corpo físico.
EU SOU uma unidade de Luz.

Eu inspiro Luz
Através do centro do meu coração,
Deixando que a Luz se expanda,
Envolvendo o meu nono chakra
(Acima da cabeça)
E a parte inferior de minhas coxas
Para formar um campo unificado de Luz
Dentro, através e em volta do meu corpo.
Deixo que o meu corpo mental se funda
Com o meu corpo físico.
EU SOU uma unidade de Luz.

Eu inspiro Luz
Através do centro do meu coração,
Deixando que a Luz se expanda,
Envolvendo o meu décimo chakra
(Acima da minha cabeça)
E (indo) até meus joelhos
Para formar um campo unificado de Luz
Dentro, através e em volta do meu corpo.
Eu deixo que o meu corpo espiritual se funda
Com o corpo físico,
Formando o campo unificado.
EU SOU uma unidade de Luz.

Eu inspiro Luz
Através do centro do meu coração,
Deixando que a Luz se expanda,
Envolvendo meu décimo primeiro chakra
(Acima da minha cabeça)
E a parte superior da barriga de minhas pernas
Para formar um campo unificado de Luz
Dentro, através e em volta do meu corpo.
Eu deixo que a *Mente Suprema* se funda
Com o campo unificado.
EU SOU uma unidade de Luz.

Eu inspiro Luz
Através do centro do meu coração,
Deixando que a Luz se expanda,
Envolvendo meu décimo segundo chakra
(Acima da minha cabeça)
E a parte inferior da barriga de minhas pernas
Para formar um campo unificado de Luz
Dentro, através e em volta do meu corpo.
Eu deixo que a *Mente Crística Suprema* se funda

Com o campo unificado.
EU SOU uma unidade de Luz.

Eu inspiro Luz
Através do centro do meu coração,
Deixando que a Luz se expanda,
Envolvendo meu décimo terceiro chakra
(Acima da minha cabeça)
E meus pés
Para formar um campo unificado de Luz
Dentro, através e em volta do meu corpo.
Eu permito que a *Mente Suprema* EU SOU se funda
Com o campo unificado.
EU SOU uma unidade de Luz.

Eu inspiro Luz
Através do centro do meu coração,
Deixando que a Luz se expanda,
Envolvendo o meu décimo quarto chakra
(Acima da minha cabeça)
E (indo) até abaixo de meus pés
Para formar um campo unificado de Luz
Dentro, através e em volta do meu corpo.
Eu deixo que a *Presença da Fonte* se mova
Através do campo unificado.
EU SOU uma unidade de Luz.

Eu inspiro Luz
Através do centro do meu coração.
Eu peço que
O nível supremo do meu Espírito
Se irradie
Do centro do meu coração,
Preenchendo inteiramente este campo unificado.

Eu irradio por todo este dia.
EU SOU uma unidade do Espírito.

INVOCAÇÃO DA LUZ

Eu vivo dentro da Luz.
Eu amo dentro da Luz.
Eu rio dentro da Luz.

EU SOU sustentado e alimentado
Pela Luz.
Eu sirvo com alegria à Luz.

Pois EU SOU a Luz.
EU SOU a Luz.
EU SOU a Luz.
EU SOU. EU SOU. EU SOU.

INVOCAÇÃO DA ÁGUA

Eu a tomo, a Água da Vida.
Eu a declaro Água da Luz.
Quando a trago para dentro do meu corpo.
Ela faz com que meu corpo resplandeça.
Eu a tomo, a Água da Luz.
Eu a declaro Água de Deus.
EU SOU um Mestre em tudo o que EU SOU.

INVOCAÇÃO DA CLAREZA

Eu estou no AGORA Infinito;
Todas as portas estão abertas para mim.

Eu amo no AGORA Infinito;
Todos os caminhos estão abertos para mim.

Eu rio no AGORA Infinito;
Todos os caminhos são reconhecidos por mim.

No AGORA Infinito está todo o Poder.
No AGORA Infinito está todo o Amor.
No AGORA Infinito está toda a clareza.

Eu sigo a disposição do Espírito,
Agindo, amando, conhecendo
Tudo O Que Existe.

INVOCAÇÃO DA UNIDADE

EU SOU um Ser Cristificado.
EU SOU uno com o Espírito.

EU SOU um Ser Cristificado.
EU SOU uno com Tudo O Que Existe.
A Luz do meu próprio Ser
Ilumina o meu caminho.

EU SOU um Ser Cristificado.
EU SOU uno com Tudo O Que Será.
Eu contenho a Luz clara da Fonte
Dentro do meu coração.

Eu sigo em unidade com o Espírito.
Eu rio em unidade com a Fonte.
Eu amo em unidade com meus semelhantes.

EU SOU um Ser Cristificado.
EU SOU uma ponte entre o Céu e a Terra.

INVOCAÇÃO DO RAIO VERMELHO

Eu invoco o Elohim
Do Raio Vermelho-Rubi,
Para verter sua Luz através do meu corpo.

Eu invoco o Elohim
Do Raio Vermelho-Rubi,
Para fazer jorrar o Poder da Fonte
Por cada célula do meu corpo,
Para recriar o meu corpo na Luz.

Que a Luz Vermelha
Cure todas as células danificadas,
Libere toda tensão e dor,
Acalme todo medo da mudança.

Meu corpo está todo na Luz.
Meu ser está calmo na Luz.
Tenho o poder da Fonte.

INVOCAÇÃO DA TRANQÜILIDADE

Eu me volto para dentro de mim
E abro as pétalas do Lótus de Cristal

Eu me volto para dentro de mim
E, enquanto o Lótus floresce,
Minha mente, meu corpo e minhas emoções se acalmam.

Enquanto minha consciência penetra
No centro do Lótus,
Fico em paz com quem EU SOU.
Eu fluo com a serenidade do Espírito.

Quando estou dentro do Lótus,
Conheço o Buda que sou Eu mesmo.

INVOCAÇÃO DO RAIO LARANJA

Eu invoco o Elohim
Do Raio Laranja,
Para verter a Vitalidade de Deus
Pelo meu corpo.

Invoco o Raio Laranja,
Para despertar minha Criatividade Divina.

Invoco o Raio Laranja,
Para aprofundar meu Amor e minha ligação
Com o planeta.

EU SOU um Mestre do fluxo e da mudança,
Sinto a beleza de toda a Criação.

INVOCAÇÃO DA CRIATIVIDADE

Eu irradio a Expressão Divina.
A centelha da criatividade
É a centelha da Vida.
Esculpo realidades como a delicada argila.

EU SOU o Mestre artesão de minha Vida.
Crio Visões do planeta na Luz
E, vejam, a Luz existe.

Eu pinto retratos de pessoas afetuosas
E, vejam, há mais Amor no mundo.

Eu canto o movimento do Espírito
E, vejam, EU SOU a fluidez.

INVOCAÇÃO DO RAIO AMARELO

Eu invoco o Elohim
Do Raio Amarelo-Topázio,
Para verter a Realização Divina
Pelo meu corpo.

Através do Raio Amarelo
Eu desperto meu Propósito Divino.

Eu invoco o Raio Amarelo,
Para fortalecer meu intuito de servir
À Visão da Fonte.

Eu invoco o Raio Amarelo-Topázio,
Para mitigar o meu ego,
Para que eu me entregue ao Espírito.

INVOCAÇÃO PARA DESPERTAR

Eu invoco a criança que EU SOU
Para tomar-me pela mão e ensinar-me a Alegria.

Eu invoco a criança que EU SOU
Para revelar-me o prazer da descoberta
Em todos os mundos que EU SOU.

Eu me tomo pela mão e danço
Com os contornos das Galáxias.
Abro o meu coração e canto
Com as formas da Maestria.

EU SOU a criança que EU SOU
E desperto tudo o que posso ser.
Eu desperto o EU SOU.

INVOCAÇÃO DO RAIO VERDE

Eu invoco o Elohim
Do Raio Verde-Esmeralda,
Para verter abundância pelo meu corpo.

Invoco o Elohim
Do Raio Verde-Esmeralda,
Para conectar-me com o Fluxo Divino.
Assim embaixo como no alto.

Invoco o Raio Verde
Para fortalecer
O desabrochar do meu coração.

Invoco o Raio Verde-Esmeralda
Para ajudar-me a criar abundância.
Assim embaixo como no alto,
Tudo é Amor, Tudo é Fluidez.

INVOCAÇÃO DO FLUXO DIVINO

EU SOU o Universo me recriando.
EU SOU o Universo fluindo
Para mim mesmo, por mim mesmo, de mim mesmo,
Criando tudo o que vejo.

EU SOU o Fluxo Divino de Tudo O Que Existe.
Abundante é o meu movimento.

EU SOU o Universo me recriando
Para fluir abundância.

INVOCAÇÃO DO RAIO AZUL

Eu invoco o Elohim
Do Raio Azul-Safira,
Para verter a Luz da Tradução Sagrada
Pelo meu corpo.

Invoco o Elohim
Do Raio Azul-Safira,
Para verter a Verdade Divina
Pelo meu corpo,
Para que eu possa dizer a Verdade
De quem EU SOU.

Invoco o Raio Azul-Safira
Para ajudar-me a transmitir Amor,
E minha tradução da luz para a Luz.
Invoco o Elohim
Do Raio Azul-Safira,
Para suavizar minha voz para que todos
Ouçam a Verdade de Deus.

INVOCAÇÃO DO RISO

Alguns dizem que rir é o melhor remédio.
Outros dizem que rir é o antídoto contra o pecado.

Alguns dizem que rir é perda de tempo.
Eu lhes digo que rir é completamente divino.

Neste planeta há muita gente séria,
Que simplesmente não entende o Jogo Cósmico.

E alguns passam a vida buscando ansiosamente
O que chamam de Verdade Cósmica.

Mas eu ouvi uma piada lá em cima no Céu...
O riso é a Verdade —

E a graça está no Amor.

INVOCAÇÃO DO RAIO ÍNDIGO

Invoco o Elohim
Do Raio Índigo,
Para despertar e fortalecer minha terceira e quarta visão,
Pois agora eu opto por Ver.

Invoco o Elohim do Raio Safira Estelar,
Para despertar a Estrela
Que detém a memória de quem EU SOU.

Invoco o Elohim do Raio Índigo,
Para ativar a célula registradora,
Para que eu possa lembrar e entender.

INVOCAÇÃO DO UNIVERSO

EU SOU o Universo.
EU SOU a rotação e a espiral das galáxias.
EU SOU o movimento dos planetas em suas órbitas.
EU SOU um cometa no céu noturno.

EU SOU um ser humano
Movendo-me com o fluxo do Espírito.
EU SOU um átomo
Contendo Tudo O Que Existe.

EU SOU o Universo,
Rindo enquanto danço.

EU SOU a Vida.

INVOCAÇÃO DO RAIO VIOLETA

Invoco o Elohim
Do Raio Violeta,
Para verter a Transmutação Divina
Através de tudo que EU SOU.

Invoco o Raio Ametista
Para transformar cada célula,
Cada átomo de meus corpos
Em Luz Superior.

Invoco a Chama Violeta
Para arder em minha alma
E remover todos os véus que me separam
Do Espírito.

Invoco a Chama Violeta
Para queimar minhas ilusões,
Para queimar minhas resistências,
E transmutar meu medo em Amor.

INVOCAÇÃO DOS GUARDIÕES DA CHAMA

EU SOU um Guardião da Chama.
Eu a levo
Para todas as partes deste mundo.

EU SOU um Guardião da Chama.
Eu a levo
Para todas as partes do meu ser.

Eu ergo a Chama de Deus bem alto
Para que todos possam ver a Luz resplandecente
Do Plano Divino.

EU SOU um Guardião da Chama
E eu a levo para muitos mundos,
Para que todos possam conhecer a Luz
E levá-la adiante.

INVOCAÇÃO DO RAIO DOURADO

Invoco o Elohim do Raio Dourado
Para verter a Sabedoria Divina em minha consciência.

Invoco o Elohim do Raio Dourado
Para revelar os Pesos e as Medidas,
A Harmonia e as Proporções
Do Universo.

Invoco o Elohim do Raio Dourado
Para iluminar a minha mente,
Para que ela fique serena
Com o Discernimento.

Que eu seja sábio em minhas ações,
Equilibrado em minhas emoções,
Sereno em minha mente.

INVOCAÇÃO DA MAESTRIA

EU SOU um Mestre,
Dançando através das dimensões.

EU SOU um Mestre das possibilidades,
Tecendo os amanhãs no AGORA.

EU SOU um Mestre do equilíbrio,
Saltando na corda-bamba da Vida.

EU SOU um Mestre
Cuja força é a compaixão.

EU SOU um Mestre
Que brinca com o infinito.

EU SOU um Mestre
Que afaga as estrelas.

INVOCAÇÃO DO RAIO PRATEADO

Invoco o Elohim do Raio Prateado
Para verter a Graça Divina através de meus corpos.

Invoco o Elohim do Raio Prateado
Para dissolver todos os padrões kármicos
E desfazer todo ressentimento guardado,
Para que eu possa conhecer a Alegria.

Invoco o Elohim da Graça
Para inundar meu ser de perdão,
Para inundar minha vida de gratidão,
E inundar meu coração de festa.

Invoco o Elohim do Raio Prateado
Para quebrar meus laços de mesquinhez,
Para romper o jugo do ódio
E libertar minha alma.

Invoco o Elohim da Graça
Para me inundar com a Alegria de Viver —
AGORA.

INVOCAÇÃO DA ALEGRIA

Tenho uma coceira nos pés
Que me faz dançar rua abaixo.
Tenho uma comichão na barriga
Que me faz abraçar a todos que encontro.
Tenho uma fonte no coração
Que esparge amor sobre o mundo.
Conheço a Alegria do Espírito
Por isso sorrio em meu coração.
Sinto a Alegria de viver
Por isso celebro a Luz.

INVOCAÇÃO DO RAIO COR DE COBRE

Eu invoco o Elohim do Raio Cor de Cobre
Para revelar-me o Molde Divino da Vida.

Invoco o Elohim do Raio Cor de Cobre
Para revelar-me os padrões
De minha existência.

Eu peço ao Raio Cor de Cobre
Que conecte e mantenha todos os raios originais
Através de meus corpos.

Invoco o Elohim do Raio Cor de Cobre
Para guiar-me na dança espiralada,
Para que eu possa ascender à Luz.

INVOCAÇÃO DA DANÇA DA ESPIRAL

Do meu centro eu invoco a espiral.
Eu giro. Eu resplandeço.

Do centro, eu faço crescer a espiral
Na morada de minha alma.

Eu expando minha alma e faço-a girar.
No meu corpo, começa a dança.

A espiral cresce; seu ápice está no coração.
Ela envolve o meu corpo e começa a vibrar.

Do Espírito Supremo até a alma,
Assim embaixo como no alto.

Outra espiral, vinda do Cristo,
Criada por uma Luz Superior,
Junta-se à primeira em perfeita rotação
E faz o ápice chegar mais fundo.

Onde elas se tocam, uma chama, tão brilhante,
Arrasta meu corpo para a Luz.
Pois é o Cristo interior
Que faz girar as galáxias.

Na Luz EU SOU arrebatado;
Iniciemos a dança da espiral.

INVOCAÇÃO DO RAIO AZUL-TURQUESA

Eu invoco o Elohim do Raio Azul-Turquesa
Para guiar-me através do Oceano
Da Consciência Divina.

Invoco o Raio Azul-Turquesa
Para ligar-me com todas as minhas encarnações.

Invoco o Raio Azul-Turquesa
Para ligar-me com todas as minhas manifestações.

EU SOU uma coisa só com a Consciência Maior.
EU SOU a Ligação Divina.
Mergulhamos na Luz e no Riso.

INVOCAÇÃO DO VÔO

Sinto minhas costas formigarem.
Sinto meus ombros pesarem.
Sinto minhas asas abrirem-se.

Preparando-me para voar,
Ouço o chamado do vento.
Sinto o aroma da liberdade das alturas.
Chego à beira do milagre
Quando começo a subir.

Adoro a sensação de planar.
Conheço a alegria de mergulhar.
Ilumino o céu com esplendor
Ao beijar a face de Deus.

INVOCAÇÃO DO RAIO COR-DE-ROSA

Eu invoco o Elohim do Raio Cor-de-Rosa
Para verter a Unidade Divina.

Invoco o Elohim do Raio Cor-de-Rosa
Para me ajudar a aceitar
O meu Eu Crístico.

Invoco o Elohim do Raio Cor-de-Rosa
Para verter o Amor Divino através de meus corpos.

Que o Amor do Cristo
Possa fluir através de mim.
Que a Unidade do Espírito
Possa atuar em mim.

EU SOU um Ser Cristificado.
EU SOU Uma Coisa só com a Fonte.

INVOCAÇÃO DO SERVIÇO

Peço em Nome do Cristo
Que eu seja mantido na Luz.

Peço em Nome de Deus
Que eu seja guiado e assistido
No meu serviço à Unidade.

Peço em Nome da Fonte
Que o Espírito Santo Shekhina
Preencha-me com Seus Dons,
Para que eu possa servir mais plenamente.

Peço em Nome de Yod-Hey-Vav-Hey
Que eu possa servir à Luz
Neste mundo.

INVOCAÇÃO DO RAIO DO ÊXTASE

Eu invoco o Elohim
Do Raio do Êxtase
Para verter sua Luz em volta de meus corpos.

Invoco o Raio do Êxtase
Para ajudar-me a construir
O meu veículo da Luz.

Invoco o Elohim do Êxtase
Para conectar-me com a Presença do EU SOU.
Invoco o Elohim do Êxtase
Para fundir-me com a minha Fonte.

A descrição mais aproximada da cor desse Raio é a do mel dourado, de tons cobre e bronze. Imagine a combinação das cores de todos os Raios imediatamente antes de eles se fundirem no Branco. O Raio do Êxtase é, também, muitas vezes percebido como sendo mais espesso do que os outros Raios, muito semelhante ao mel.

INVOCAÇÃO DA PRESENÇA DO EU SOU

Ehyah Asher Ehyah.
EU SOU O QUE EU SOU.
Invoco os Seguidores da Luz,
Invoco os Guardiões da Luz,
Invoco os Anjos da Luz,

Para ajudar-me como EU SOU
A ser quem EU SOU
Ligando-me com o EU SOU.

Ehyah Asher Ehyah.
EU SOU O QUE EU SOU.

INVOCAÇÃO DO RAIO BRANCO

Eu invoco o Elohim do Raio Branco
Para verter a
Luz da Fonte
Totalmente cristalina
Por todas as partes do meu ser.

Invoco o Elohim do Raio Branco
Para ativar as estruturas de cristal
De meus corpos.

Peço para ser harmonizado
Com a plenitude do Raio Branco,
Para que eu possa me tornar pleno.

Invoco o Elohim do Raio Branco
Para preencher-me com a Luz de Deus.

INVOCAÇÃO DO KIDDUSH HA-SHEM

Louvado seja Yod-Hey-Vav-Hey.
Kodosh! Kodosh! Kodosh!
Santo! Santo! Santo!

Rei dos Universos,
Tu que instauraste a Ordem Divina,

Instaura a ordem em minha vida
De acordo com a Tua Vontade.

Louvado seja Yod-Hey-Vav-Hey.
Kodosh! Kodosh! Kodosh! Adonai Tsebayot,
Luz Infinita.
Amor Infinito.
Verdade Infinita.

Senhor Deus das Multidões,
Que a Tua Glória envolva a Terra
Que a Tua Luz suporte a Terra
Assim como Ela suporta o Céu.

Santo! Santo! Santo!
É o Senhor Deus das Multidões.
Que a Terra seja envolvida na tua Glória
Neste mundo e no Mundo por Vir.

Kodosh! Kodosh! Kodosh!
Adonai Tsebayot.
Maloch Kol Ha-aretz K'vodoh!
Lay-olam Vo-ed.
Amen. Amen. Amen. Amen.

O CHAMADO DO CLARIM

Fusões de paralelos,
Oscilações magnéticas,
Dissoluções do tempo,
Sinapses forçadas.
Nada está errado —
Que venham a nós!

Corpos sofrendo
Pela ruptura dos códigos.
Resistência esgotada;
Tarefas quase concluídas.
Essas mudanças são poderosas —
Que venham a nós!

Comunhão de corpos físicos
É reconciliação genética.
Com códigos da Infinidade
Para a encarnação da Divindade.
Nossos corpos estão acompanhando —
Que venham a nós!

Desilusões mentais e
Ilusões despedaçadas.
Atravesse o Limiar:
O despertar aguarda.
Entregue-se, prossiga —
Que venham a nós!

Para transformar realidades
Em Divinas Normalidades,
É muito eficiente
Da paralaxe à perspectiva.

Pois o que vocês querem?
Que venha a nós!

Pelo conhecimento transpessoal
Os apegos estão se desfazendo.
No tumulto emocional,
O Espírito se revela.
O amor pelo Uno —
Que venha a nós!

Abra o coração para a exultação,
Abra a mente para a revelação,
Abra o corpo, abra a Alma
Para o propósito do Espírito Amado.
A missão está quase cumprida —
Que venha a nós!

Missões místicas
Requerem visões mágicas.
Corações abertos e exultantes
Libertam a Criança Mágica.
Estamos dançando de volta para Casa —
Que venha a nós!

Nosso direito natural à felicidade satisfeito
Com a Graça e o prazer da Luz
O céu é alcançado
Através da Criança Mágica.
Entre no novo alvorecer —
Que venha a nós!

Vocês não querem se divertir juntos?
Todos podem vir
À Celebração Universal

Da graduação da humanidade.
Cantar juntos o hino da Vitória —
Que venha a nós!

Velhos mundos estão se acabando,
Universos ascendendo.
Merkabah está tecendo
Este novo começo do mundo.
Invoquem o Uno —
Que venha a nós!

Merkabah funde-se,
O Amor Verdadeiro flui.
O espaço/tempo se dissolve,
O Espírito nos arrebata.
O Vôo do Uno —
Que venha a nós!

AMEN

EU SOU um templo da Luz. Amen.
EU SOU um guardião do Arco Sagrado da Aliança.
Trago as Leis de Deus dentro do meu coração.
Atravesso os véus.
Falo com minha Fonte.
Amen.

EU SOU um templo da Luz. Amen.
Irradio as letras do Nome Sagrado da minha fronte.
EU SOU um guardião da Chama Tripla do Ein Soph.
EU SOU um sacerdote no templo do meu espírito.
Amen.

EU SOU um templo da Luz. Amen.
EU SOU um guardião do Arco Sagrado da Aliança.
Irradio a chama das letras do mundo,
Para que todos possam ser templos da Luz,
Guardiões da aliança.

EU SOU um templo da Luz. Amen.
EU SOU um guardião do Arco Sagrado da Aliança.
Amen. Amen. Amen. Amen.

Edições Loyola

impressão acabamento

rua 1822 nº 347
04216-000 são paulo sp
T 55 11 6914 1922
F 55 11 6163 4275
www.loyola.com.br